智能网联汽车研究与开发丛书

2020

自动驾驶
测试场景技术
发展与应用

U0368943

中国汽车技术研究中心有限公司 ◎组编

冯 屹 王 兆 ◎主编

机 械 工 业 出 版 社

本书以当前全球自动驾驶产业迅速发展为背景，以自动驾驶测试场景为核心内容，借鉴国内外相关研究成果与产业实践经验，阐述自动驾驶测试场景从内容采集、分析、存储、场景构建到产业应用的全流程，深度剖析各个环节产业现状与关键技术，并结合我国汽车产业特征分析自动驾驶测试场景产业模式及未来发展前景，为基于场景的自动驾驶功能开发、测试及标准法规制定提供有益参考。

本书分为 8 章，包括绪论、自动驾驶测试场景技术与标准现状、场景分类与要素、场景构建关键技术、场景应用关键技术、场景标准体系构建、场景数据库产业模式探索及场景未来发展趋势。

本书适用于从事自动驾驶功能开发、测试验证及测试场景研究的高等院校、研究机构及标准化专业技术人员。同时，由于本书叙述全面、图文并茂、内容深入浅出，对自动驾驶技术爱好者也普遍适用。

客服人员微信：13070116286。

图书在版编目（CIP）数据

自动驾驶测试场景技术发展与应用/中国汽车技术研究中心有限公司组编；冯屹，王兆主编.—北京：机械工业出版社，2020.2（2022.3重印）
（智能网联汽车研究与开发丛书）
ISBN 978-7-111-64725-6

Ⅰ.①自…　Ⅱ.①中…　②冯…　③王…　Ⅲ.①汽车驾驶-自动驾驶系统-测试技术　Ⅳ.①U463.61

中国版本图书馆CIP数据核字（2020）第024154号

机械工业出版社（北京市百万庄大街22号　邮政编码100037）
策划编辑：何士娟　责任编辑：何士娟
责任校对：张　征　责任印制：常天培
固安县铭成印刷有限公司印刷
2022 年 3 月第 1 版第 4 次印刷
169mm×239mm · 12 印张 · 227 千字
3600—4600 册
标准书号：ISBN 978-7-111-64725-6
定价：118.00 元

电话服务　　　　　　　　网　络　服　务
客服电话：010-88361066　机　工　官　网：www.cmpbook.com
　　　　　010-88379833　机　工　官　博：weibo.com/cmp1952
　　　　　010-68326294　金　书　网：www.golden-book.com
封底无防伪标均为盗版　机工教育服务网：www.cmpedu.com

编委会

主　编：冯　屹　王　兆

副主编：孙　航　赵静炜

参编人员（按姓氏笔画排序）

于　峰	马　良	马依宁	王　瑶	王宝宗	王想亭
文　谢	邓伟文	邓湘鸿	田　滨	邢　亮	邢星宇
朱　冰	朱向雷	任泽凯	任秉韬	刘佳伟	孙驰天
苏奎峰	杜志彬	李　洋	李　康	李　霖	李卫兵
李旭东	李远仪	李英勃	李晓晖	杨　柳	杨　磊
来恩铭	连晓威	吴　琼	何　博	何　鎏	张　行
张　钊	张　鲁	张宇飞	张建军	张培兴	张新生
陆军琰	陈　龙	陈　波	陈　超	陈君毅	陈振宇
罗先银	罗悦齐	周亦威	郑建明	宝鹤鹏	郎　平
赵　帅	胡成云	胡金玲	徐月云	徐优志	郭立群
郭润清	黄利权	黄武陵	曹　也	彭　剑	葛雨明
韩志华	雷毅志	解瀚光	翟　洋	樊晓旭	

组织编写单位

中国汽车技术研究中心有限公司

（全国汽车标准化技术委员会智能网联汽车分技术委员会秘书处）

合作编写单位

同济大学

华为技术有限公司

吉林大学

北京航空航天大学

上海汽车集团股份有限公司

中国第一汽车集团有限公司

国汽（北京）智能网联研究院有限公司

菜鸟网络科技有限公司

中国汽车工程研究院股份有限公司

中国科学院自动化研究所

中国信息通信研究院

大唐电信科技产业集团（电信科学技术研究院）

清华大学苏州汽车研究院

天津大学

安徽江淮汽车集团股份有限公司

中国长安汽车集团股份有限公司

一汽解放汽车有限公司

东风商用车有限公司

北京百度网讯科技有限公司

深圳市腾讯计算机系统有限公司

浙江亚太机电股份有限公司

北京中机车辆司法鉴定中心

北京智能车联产业创新中心有限公司

上海淞泓智能汽车科技有限公司

上海机动车检测认证技术研究中心有限公司

博世汽车部件（苏州）有限公司

福特汽车（中国）有限公司

　　自动驾驶承载着现代社会对未来实现全自动化出行和高效无人物流的梦想，蕴含着人类对科技产业进步和卓越生活品质的美好向往。自 20 世纪六七十年代开始，汽车工程师就在积极探索、研究汽车自动驾驶技术，并进行了很多创造性的尝试。尽管受当时汽车技术特别是机器计算、图形处理、数据融合等能力的制约，其发展速度相对缓慢且应用较为局限，但人类对自动驾驶的追求、探索和努力从未停止。伴随现代科技特别是信息通信、人工智能、大数据技术的融合发展，自动驾驶在 21 世纪的第二个十年迎来了高速发展，汽车、信息、通信、交通等各相关行业纷纷斥巨资投入自动驾驶，特别是以谷歌、优步、百度为代表的互联网巨头加入自动驾驶技术研发行列，大大提升了技术迭代速度，相关技术研发、测试、示范、应用进程不断加快，自动驾驶汽车商品化应用已经提上日程。

　　作为汽车与信息通信技术等多产业融合发展的新兴产业，以实现自动驾驶为目标的智能网联汽车已成为世界各国汽车产业技术变革和转型升级的重要突破口和战略制高点。欧、美、日等主要汽车产业国家争相通过政策引导、法规保障和标准制定等综合措施促进自动驾驶产业进步，UN/WP.29、ISO、IEC 等国际标准法规组织也纷纷开展相关工作，引导和规范智能网联汽车相关产业发展。自 2016 年起，我国陆续发布《装备制造业标准化和质量提升规划》《汽车产业中长期发展规划》《国家车联网产业标准体系建设指南》《智能网联汽车道路测试管理规范》《车联网（智能网联汽车）产业发展行动计划》等相关文件，将发展智能网联汽车提升至国家战略层面，明确以车辆智能化、网联化为技术实现路径的自动驾驶技术将成为未来汽车技术发展的重要方向。

　　自动驾驶汽车最本质的特征是由机器代替人类完成驾驶任务。汽车实现自动驾驶的过程也是人类驾驶员逐步出让车辆控制权或驾驶责任的过程。随着车辆自动驾驶程度的提高，机器在驾驶任务中责任承担的比例逐步提高，直至最终可取代人类执行驾驶任务。

　　随着车辆从由人控制的单纯的执行机构，向具有感知、决策、控制功能的"驾驶机器人"转变，传统的基于简单场景、单一功能的测试评价方案已远远无法满足面向具有人类属性的"驾驶机器人"评价，基于场景的新型测试评价体系已经成为国际社会的普遍共识。以场景为基础，构建包括模拟仿真、场地测试及典型实际道路测试在内的新型综合评价体系，需要解决内容采集、数据分析与处理、场景库管理、典型场景选取以及应用评价有效性等多个方面的技术难题，也是世界范围内有待解决的自动驾驶核心技术难题。

按照工业和信息化部、国家标准化管理委员会联合发布的《国家车联网产业标准体系建设指南（智能网联汽车）》，全国汽车标准化技术委员会（SAC/TC 114，简称汽标委）及其智能网联汽车分技术委员会（SC 34），组织汽车、信息、通信、交通等相关行业骨干企业和技术机构，共同推进智能网联汽车标准体系建设，并积极参与联合国、ISO、IEC 层面的国际标准法规协调；结合我国自动驾驶测试场景技术发展，于 2018 年 4 月提出了开展自动驾驶车辆测试场景国际标准制定的提案，并承担自动驾驶测试场景工作组（ISO/SC33/WG9）召集人职责，联合德、法、美、日等近 20 个国家的专家，共同开展自动驾驶测试场景国际标准的制定工作。同时，我国还成立了由相关行业骨干企业、高校和研究机构组成的国内支撑专家组，以实现自动驾驶测试场景国际标准、国家标准协同制定。

在标准制定的过程中，我们发现包括我国在内的很多国家都在开展自动驾驶场景的基础性研究，但研究内容多集中于单一层面，缺乏面向测试场景的较为全面和系统的研究成果和科技类书籍。因此决定组织国内从事自动驾驶测试场景研究的专家、学者，共同撰写一本系统阐述自动驾驶测试场景的专业化书籍，对我国及世界范围内有关测试场景的研究动态、成果进行系统梳理，并作为后续自动驾驶测试评价方法、测试场景相关标准制定的有效支撑材料。

本书涉及自动驾驶测试场景的采集、处理、存储和应用等全流程内容，并结合上述内容对标准化和产业化相关内容进行分析。全书共分为 8 章。其中第 1 章对自动驾驶测试场景背景、需求和研究的方法论进行介绍；第 2 章主要介绍自动驾驶测试场景国内外的技术与标准现状；第 3 章主要介绍自动驾驶测试场景分类与要素，这是后续关键技术研究的基础；第 4 章和第 5 章分别从采集存储和应用角度分析自动驾驶测试场景的关键技术；第 6 章对于自动驾驶测试场景标准体系建设提出建议；第 7 章分析了自动驾驶测试场景数据库的产业模式；第 8 章分析了自动驾驶测试场景未来发展趋势。

本书由全国汽车标准化技术委员会（SAC/TC 114）及其智能网联汽车分技术委员会（SC 34）秘书处统筹组织规划，同济大学、华为技术有限公司、吉林大学、上汽集团前瞻技术研究部、中国第一汽车集团、中国汽车技术研究中心有限公司、国汽智联、阿里巴巴菜鸟网络等单位作为各章节的主要编写单位，共有来自 30 余家骨干单位的近百名专家参与本书撰写。本书成稿，首先得益于全国汽车标准化技术委员会（SAC/TC 114）及其智能网联汽车分技术委员会（SC 34）

提供的良好平台，该平台汇聚了全国顶级的智能网联汽车技术及标准化专家，在较短时间内完成了高质量内容的编写。其次得益于工业和信息化部、国家标准化管理委员会、中国汽车技术研究中心有限公司及参编单位在本书编写过程中给予的大力支持。本书在编写过程中，还得到国家重点研发计划专项"自动驾驶电动汽车测试与评价技术"（项目编号 2018YFB0105100）的大力支持。最后，本书在编写过程中参考了大量国内外公开发表的资料，在此也向相关资料的作者一并表示感谢。

智能网联汽车、自动驾驶及测试场景技术尚处于快速发展过程中，受时间、资源及专业、能力所限，本书的内容未必全面，观点未必绝对正确；但本书作为第一本有关自动驾驶汽车测试场景的专业化书籍，是我国广大智能网联汽车产业从业人员知识的结晶，对相关研究、技术人员了解我国乃至国际自动驾驶测试场景技术及标准具有积极的参考价值。我们欢迎广大专家、学者及社会各界对本书存在的缺点、不足批评指正，以便我们在后续工作中不断完善；也希望通过本书搭建与各方交流探讨的平台，共同推动智能网联汽车技术及产业发展，这也是我们对未来自动驾驶汽车、智能网联社会的美好向往与追求。

编　者

2019 年 7 月

目　录

前言

第7章

自动驾驶测试场景数据库产业模式探索

第8章

自动驾驶测试场景未来发展趋势

第1章　绪论

　　自动驾驶汽车是未来汽车科技的战略制高点。科学完善的自动驾驶汽车测试评价体系需要完整的测试场景应用技术作为支撑。测试场景的研究对提高自动驾驶汽车的研发效率、健全技术标准、推进产业创新发展至关重要。本章就自动驾驶汽车场景研究的基本概念、方法、框架等进行介绍，作为后续章节展开的基础。本章内容首先以自动驾驶测试方法和测试场景的关系作为切入点，介绍测试场景研究的必要性；其次对测试场景的含义进行了详细剖析，从不同角度介绍了测试场景的重要作用，并梳理了测试场景具备的一般基本特征；然后在测试场景和要素分类方法的基础上，对测试场景研究的基本方法进行阐述；最后总结自动驾驶测试场景研究工作的意义以及测试场景标准化对整个产业的重要影响。

1.1　自动驾驶测试和测试场景介绍

1.1.1　自动驾驶测试概述

　　自动驾驶汽车是一个集环境感知、决策、规划与控制等多项功能于一体的综合智能系统。自动驾驶汽车通过车载传感器或网联通信设备等媒介，获取车辆周围环境信息，智能自主地做出决策并控制车辆横纵向运动，从而使车辆能够安全、可靠地在道路上行驶，到达预定目的地。根据美国汽车工程师协会（SAE）发布的 SAE J3016 标准，可将车辆自动驾驶功能分为六个级别（见表 1-1），不同等级自动化水平所实现的功能逐级递增。

1）L0 系统可提供警告或瞬时紧急干预功能。

2）L1 系统能够提供制动、加速或转向的辅助驾驶功能，如车道保持辅助或自适应巡航控制功能。

3）L2 系统可提供制动、加速和转向的辅助驾驶功能，如同时具有车道保持辅助和自适应巡航控制功能。先进驾驶辅助系统（Advanced Driver Assistance Systems，ADAS）即属于自动驾驶 L0 ～ L2。

4）L3 ～ L4 指车辆可以在有限制的条件下自动驾驶，除非满足所有条件，否则不会运行。

5）L3 系统在发出接管请求时，人类驾驶人必须接管驾驶控制车辆，如交通拥堵自动驾驶功能。

6）L4 系统在满足所有条件下，不需要自动驾驶汽车使用者接管驾驶，如城市中自动驾驶出租车等。

7）L5 系统可以在任何条件下自动驾驶。

根据行业发展需求，汽标委及其智能网联汽车分技术委员会（简称分标委）等标准化机构也在积极制定符合我国技术需求的自动驾驶汽车分级标准。

表 1-1　SAE 自动驾驶功能分级

等级	名称	车辆控制	环境监测	危险情况控制主体	系统作用域
路况环境由驾驶人监控					
0	无自动驾驶	人	人	人	无
1	驾驶辅助	人—系统	人	人	部分情况
2	部分自动驾驶	系统	人	人	部分情况
路况环境由自动驾驶系统监控					
3	有条件的自动驾驶	系统	系统	人	部分情况
4	高度自动驾驶	系统	系统	系统	部分情况
5	完全自动驾驶	系统	系统	系统	所有情况

在汽车行业，所有技术从开发阶段走向量产，都需要经过复杂的验证环节。验证要求一般包括三个方面：企业标准验证、行业标准验证以及国家标准或法律法规的验证。围绕自动驾驶汽车验证环节所需的标准体系、测试场地条件以及相关测试方法等内容，政府机构、科研院所、相关企业已经开展了大量研究工

作。在车辆进入验证环节前，需要大量的测试来证明其各项应用功能和性能的稳定性、鲁棒性、可靠性等。传统车辆测试评价的对象是人—车二元独立系统中的"车"，而自动驾驶汽车的测试评价对象变为人—车—环境—任务强耦合的自动驾驶系统，从而导致对其测试和验证变得极具挑战性。传统的车辆测试手段无法满足自动驾驶汽车测试与验证的需求。

目前，自动驾驶汽车测试方法主要分为基于场景的测试方法和基于里程的测试方法两大类。基于场景的测试方法是通过预先设定的场景，要求被测车辆完成某项特定目标或任务而对其进行测试的方法。基于里程的测试方法是让被测车辆在一定的环境条件下连续行驶，而不预先设定其测试任务或目标。这两类测试方法都可以应用于不同的测试环境，如虚拟测试环境、场地测试或道路测试中。里程测试主要针对车辆的综合性能，一般在车辆开发的最后阶段进行，要求车辆具备较为完整的功能和较可靠的性能。里程测试的主要弊端在于测试周期长、效率低、测试成本非常高，同时必须考虑安全风险问题以及法律法规的限制。从统计学角度出发，要验证自动驾驶汽车比人类驾驶更安全，理论上应至少进行99 000 000mile⊖以上的公共道路测试，这是一个无比巨大的测试里程。相比于里程测试，基于场景的测试方法应用更加灵活，测试效率高且更有针对性。测试场景的筛选，缩减了里程测试过程中大量的"无风险"里程，有助于自动驾驶汽车功能的快速迭代和完善。在自动驾驶汽车整个开发过程中，只有综合运用场景测试和里程测试，才能充分测试和评估自动驾驶功能的各方面性能。基于此，针对场景测试基础理论、应用方法、技术的研究越来越受到产业界和学术界的重视。然而目前该方法仍存在一些亟待突破的技术难点，包括场景提取、筛选以及测试场景的构建等关键技术。

自动驾驶汽车测试的对象包括软件算法、部件、系统以及整车，具体到不同系统还包括环境感知系统、决策规划系统和控制执行系统等。测试方法可以在受控程度不同的各级测试环境内实施，包括软件在环（Software-in-the-loop，SIL）、硬件在环（Hardware-in-the-loop，HIL）、车辆在环（Vehicle-in-the-loop，VIL）等基于虚拟技术的测试环境，以及受控封闭场地、公共道路等真实测试环境。

1.1.2 测试场景研究背景

测试场景可以应用于软件、硬件系统的开发与测试，并能满足从部件、系统到整车等不同阶段的测试与验证需求。测试场景可以由测试人员根据经验和理论方法进行构建，或者从相关数据中筛选和提取；由此形成的场景，可以部署到虚

⊖ 1mile=1609.344m。

拟环境或者真实的受控测试场地中，从而对测试对象进行试验和分析。

随着自动驾驶汽车技术的发展，更高级别的自动化水平成为可能，这也对测试场景提出了更多要求。首先，由于自动化水平不断提高，自动驾驶汽车要应对的场景数量急剧增加。从 ADAS 只需满足特定场景下的功能要求，扩展到有限条件的自动驾驶（L3）系统或高度自动驾驶（L4）系统等需要满足各类场景的功能要求，导致用于自动驾驶汽车测试与验证的场景数量呈几何级数增加。其次，自动驾驶汽车应对的场景复杂程度急剧上升，如从较为封闭的高速公路向开放的城市交通环境扩展，这也致使测试场景包含的要素种类和数量增加。此外，由于基于里程测试的方法带来的高成本和低效率等问题，必须利用测试场景进行针对性的测试和验证，降低里程测试的测试量。综上，对于自动驾驶汽车测试，测试场景的研究是至关重要的，亟须形成针对测试场景的系统性理论、方法和标准等，规范测试场景的使用，进一步提高测试场景在自动驾驶汽车测试中发挥的作用，推动自动驾驶汽车测试技术的发展。

世界各国已经启动了测试场景研究的相关工作。欧洲和美国等在自动驾驶汽车开发和测试过程中，逐渐形成了一些关于测试场景的规范和方法，支持研发人员对场景进行识别、筛选、构建，并最终用于测试。德国于 2016 年发起 PEGASUS 项目，计划于 2019 年年底建成用于系统开发和测试验证的场景库。美国国家公路交通安全管理局（National Highway Traffic Safety Administration，NHTSA）于 2018 年 9 月发布了关于自动驾驶测试场景和用例的架构体系报告。我国也有相关组织启动了自动驾驶测试相关的场景数据库建设，收集符合我国交通状态的测试场景，例如，中国汽车技术中心有限公司数据资源中心自 2015 年开展驾驶场景数据采集及分析研究工作以来，已采集超过 32 万 km 自然驾驶里程数据；国家智能网联汽车（上海）试点示范区于 2017 年 6 月启动了"昆仑计划：中国智能驾驶全息场景库建设"项目；中国汽车工程研究院股份有限公司联合多家企业和机构于 2018 年 11 月发布"中国典型驾驶场景库 V1.0"。从全球范围来看，针对测试场景的研究逐渐成为自动驾驶汽车测试工作的关键。

1.1.3 测试场景概述

"场景"（Scenario）一词来自于拉丁语，最初的意思为舞台剧。针对特定的研究领域，"场景"一词的含义存在一定差异。如在经济学领域，场景通常被定义为"对未来的描述"；在交互设计领域，场景被定义为"关于人们进行活动的简单故事"。在驾驶领域，场景被认为是一定时间和空间范围内行驶环境与汽车驾驶行为的综合反映；描述了外部道路、气象和交通参与物以及车辆自身的驾驶任务和状态等信息。

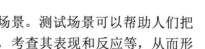

服务于特定测试目的的场景则被称为测试场景。测试场景可以帮助人们把特定的研究对象放置在具体的情况下进行研究，考查其表现和反应等，从而形成一定测试结论。对于自动驾驶汽车测试场景，其含义可以从以下几方面进行理解。

1. 测试场景的内涵

场景被应用于自动驾驶汽车测试时，描述的是某类或某个行驶环境，以及被测车辆在上述行驶环境中的任务。具体来讲，行驶环境描述了基本的交通环境情况和交通参与者的状态及其行为，能够呈现或反映真实世界中的交通情景的发生环境以及发生过程；被测车辆的目标及行为描述了被测车辆在上述行驶环境下，需要完成的任务或预期完成的任务。上述两部分共同组成了某个或某类特定测试场景。在测试场景中，可以对被测车辆的特定功能在行驶环境下的表现进行考查和分析。

2. 测试场景的作用

测试场景用于对自动驾驶汽车的功能或性能进行测试、验证或评价。应用测试场景必须有明确的测试目的，如对车辆预期的行为、性能要求等的测试。通过被测车辆在测试场景中的表现，可以对车辆进行验证和评价。

3. 测试场景的尺度

测试场景描述的是一定时间和空间范围内的交通行驶环境以及被测车辆的测试任务。测试场景中包含动态要素，其行为反映的是一个动态过程，有一定的时间跨度；测试场景包含的所有要素是被布置在一定空间尺度的环境下的。测试场景的时间和空间尺度的大小是依据测试任务而确定的。对于时间尺度而言，如紧急避障场景，一般持续数秒；而对于跟车行驶场景，则可能持续数分钟甚至数小时。对于空间尺度而言，测试场景可能包含一段道路，或者数条道路组成的路网。

4. 测试场景的视角

测试场景存在多种视角。首先是研发人员或场景设计者的视角。在该视角下，能够获得最为完整的场景信息，且是真实信息。该视角主要用于测试人员构建测试场景以及测试结果的评价。其次是被测车辆的视角。在该视角下，场景信息是不完整的。自动驾驶汽车主要通过车载传感器、无线通信设备等获取周围行驶环境和交通参与者的信息，因此这些信息的范围有限，且存在一定误差。该视角是车辆在实际行驶过程的视角，是分析行驶环境和驾驶任务的重要视角。最后是其他交通参与者的视角，与被测车辆视角类似，该视角下的场景信息也是不完备的，从该视角出发可以对被测车辆的交通协调性等行为进行评价。

5. 测试场景的数据来源

对于自动驾驶汽车测试场景，需要强调的是其来源应该是一般的交通场景，涵盖城市、高速公路、乡村、越野等各种交通环境。为形成测试场景，可以通过分析和筛选已有的各类交通场景数据获得测试场景；或者可以根据测试需求，基于相关理论知识和经验，构建能够反映真实交通环境的测试场景。

1.2 自动驾驶测试场景需求来源

1.2.1 需求的不同来源介绍

对自动驾驶测试场景的需求，主要来源于以下三个方面：自动驾驶汽车的开发与验证、测试与评价以及检测与认证。

在自动驾驶汽车功能的开发阶段，需要对功能在特定应用场景下的表现进行验证。自动驾驶功能都有其被设计的具有针对性的应用场景或应用范围，因此在功能开发阶段，基于应用场景开展的各项场景测试，是验证自动驾驶功能有效性的重要手段，可以支持开发人员对功能进行调整并加以完善。在系统开发的功能安全方面，同样依赖测试场景。测试场景既可以帮助形成安全要求，开发必要的软硬件组件，又可以在测试过程中验证这些组件的安全性。综上，基于测试场景的功能开发与验证在自动驾驶汽车的功能从开发到应用的过程中是非常必要的。

在完成自动驾驶汽车的功能开发与验证，形成较为完整的系统，功能也趋于完善后，则需要对其进行进一步的测试与评价。测试与评价的目的是通过车辆的表现，对其各项性能进行评估。基于测试场景的方法是进行测试与评价的有效手段。通过选取或构建能够体现车辆特定性能的场景，制定合理的测试任务，可以对自动驾驶汽车的不同维度和不同方面的性能，如行驶自治性、安全性、经济性、舒适性、交通协调性等进行评价。

在自动驾驶汽车正式上路前需要对其进行检测与认证。基于测试场景的检测与认证是非常必要的。通过选取或构建典型测试场景，考查自动驾驶汽车在各种交通情况下的行为，对各项功能的安全性和可靠性等进行检测与认证，可证明其是否具备在真实交通环境下应对多种场景的能力以及规避风险的能力。

1.2.2 需求的对比分析

1. 各类需求的特点

从上述三个测试场景的主要需求来源出发，接下来进一步分析各类需求的特点。

1）在自动驾驶汽车的开发与验证阶段，功能的验证主要依赖虚拟样机或者快速原型。功能的调整和迭代频繁，需要大量的测试场景用以验证各项功能，标定系统边界，形成合理的功能适用范围。这些测试场景应尽可能全面覆盖功能适用范围内的所有情况，充分体现场景中各类对自动驾驶功能造成挑战的影响因素。同时，测试场景应是可实施的，能满足不同层次和阶段的功能开发与验证需求，可以根据不同测试阶段和测试目的来调整场景中要素的构成。测试场景应能被部署到不同的测试环境中，如软件在环、硬件在环、车辆在环，以及受控测试场地等。在这一阶段，测试人员可以借助相关经验和知识构建测试场景，或者基于数据分析筛选出测试场景，以满足不同的测试需求。

2）在自动驾驶汽车的测试与评价阶段，需要通过测试对自动驾驶汽车的功能及性能给出一定结论，是对自动驾驶系统的进一步考核，从而帮助开发人员发现功能的不足或缺陷，进而有针对性地予以完善。测试场景的选取将直接影响评价结果的可信度和有效性。首先，测试场景的选取应与评价指标具有高度的相关性，场景中的要素类型和指标应具有典型特征，使被测车辆的功能得到充分体现。其次，为尽可能保证评价结果的有效性，构成测试场景的要素以及要素的特征、指标等应与现实相符。最后，为保证评价结果的准确性，并便于横向比较，测试场景中各类要素的指标应是可量化且一致的。

3）在自动驾驶汽车的检测与认证阶段，主要是对自动驾驶汽车整车综合性能的检测与考量，是自动驾驶汽车在进入公共道路测试前的关键认证阶段。该阶段与测试评价阶段的基本目标较为相似，但该阶段关注的核心内容是车辆的安全性和可靠性等，且对认证结果的可信度有更高的要求。该阶段的测试需要有统一的标准，从而使测试场景具有可重复性和一致性。

2. 测试场景需要满足的要求

为满足以上不同测试阶段、不同测试目标的测试需求，测试场景需要满足以下要求。

1）可量化：测试场景中包含的各类要素所体现出的特征应是可被量化的，如道路的几何尺寸、线形特征，静态要素的大小、位置，动态要素的初始状态、行为，环境的温度、光照、湿度等。通过量化，可以形成测试场景具体和准确的表达，进而使测试场景能够重复使用且具备一致的效果。

2）可执行：测试场景应是可执行的，即在一定的技术基础和资源条件下，测试场景是可实施的。测试场景中不应包含一些难以复现、不可人为控制的要素种类，或者现有技术手段难以达到的要素指标水平，或者因测试方案存在极大安全风险而造成测试场景无法实施的内容。

3）拟真性：测试场景是人工模拟现实世界中发生的场景对车辆进行测试，其目的是在一定程度上考查自动驾驶车辆在真实环境下的行为。因此测试场景必须具备拟真性，主要体现在由不同要素共同构成的行驶情景应在现实世界中有一定映照，要素的组合形式、各要素的特征、行为模式等应在现实世界中存在映射。

3.测试场景应具备的特征

基于上述对测试场景的要求，所形成的测试场景一般具备以下特征。

1）多用途：测试场景应适合各种不同用途。包括满足自动驾驶汽车上路前的三阶段测试与认证；满足不同测试环境的应用需要。

2）可界定：对于测试场景的构建，可以通过自然或机器语言及图形的方式进行描述和界定。不同测试场景可对自动驾驶汽车进行多项性能的测试，因此需以可界定的方式对不同测试场景对应不同测试功能或阶段进行描述和界定，使测试人员能够准确构建相应测试场景。

3）可调整：测试场景在被应用的过程中需具备可调整性。主要表现在可对构成测试场景的要素进行调整，如对要素的数量、种类、空间位置、触发机制、触发时间等进行调整。

4）可复制：测试场景应是可被重复设置并使用的，即被测自动驾驶车辆应处于可被重复使用、设置并保持相同测试条件的测试场景中。一方面，同一自动驾驶汽车被测时，需要进行多次重复测试；另一方面，对不同自动驾驶汽车的相同功能或性能指标进行对比测试时，也需要测试场景具备高度可复制性。

5）可分解：测试场景可分解产生基元场景。测试场景反映了一定时间和空间范围内要素和自动驾驶车辆行为的综合状态，可从不同角度对测试场景进行分解。如从时间角度，可将测试场景分解为若干瞬时片段的基元场景；从空间角度，可将测试场景分解为空间尺度不同的基元场景。

6）可组合：不同测试场景包含的要素可进行拆解和重组，产生更多场景，扩大测试范围，丰富测试选择。此外，场景和场景间具备可组合性，可形成具备综合功能的测试场景，增加测试的连贯性。

7）通用性：测试场景的应用应具备通用性。为支持测试场景的应用，应采用统一格式进行储存和管理。不同采集平台和技术方案须相互兼容，实现不同数据库数据互通与数据共享，从而有效节约开发和测试成本，形成更为科学合理的运营模式，促进测试场景的规模化应用。

1.3 自动驾驶测试场景研究方法论

在以场景为基础的自动驾驶研发与测试中，系统、科学、有序地构建自动驾驶测试场景能有效支撑自动驾驶的测试研发工作；同时自动驾驶测试研发工作的开展能够反馈和丰富自动驾驶测试场景，形成闭环。本小节以测试场景研究流程为主线，简要介绍测试场景的构成要素与分类原则、测试场景构建方法以及测试

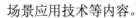

场景应用技术等内容。

1.3.1 场景要素和场景分类

在进行测试场景构建时，首先需要明确测试场景所涵盖的要素。真实世界中的场景无穷无尽，要素纷繁复杂，对场景进行分解，提取场景中包含的要素类型，是对现实世界场景进行降维和抽象的基本方法。对场景进行一定程度的解构，便于把握场景本质和内涵，支持相关研究的开展。

为了便于要素的分析及组织，需要对场景要素进行分类。根据不同的组织结构，场景要素划分有多种方式。从自动驾驶测试的需求角度出发，场景要素可以分为环境要素和自车任务两类要素；从场景要素的基本属性出发，可以分为静态要素和动态要素等；从场景要素的拓扑关系出发，可以分为道路要素、交通参与者要素、气象要素等。场景要素是测试场景构建的基础，对自动驾驶汽车的测试和评价过程起重要作用，是测评体系的主要支撑。在对场景要素进行准确的定义和科学的分类后，可以为场景数据的采集、挖掘、分析处理等提供有效的支持。

从场景要素的不同属性出发，完整的测试场景要素包括：

1）一定空间范围内的静态环境要素，如道路类型、交通设施、地理信息、静态障碍物等。

2）一定时空范围内的动态环境要素，如动态交通指示设施及通信环境信息。

3）该行驶环境中的交通参与者要素。包括机动车、非机动车、行人和动物等。而被测车辆不属于该要素类别，主要原因是其行为不一定必须是预定义的。

4）该行驶环境中的气象环境要素。如光照、温度、湿度、气候等。

5）被测车辆的初始状态、目标和行为要素等。指在具备完整交通行驶环境的基础上，将被测车辆置于其中，并设定车辆的初始状态、目标和行为，就形成了完整的测试场景。对于较高级别的自动驾驶车辆的测试，也可以不设定其具体行为而只设定目标。该要素分类中前4个要素构成交通行驶环境；分类中最后一个要素则构成被测车辆测试任务。

在对测试场景要素进行准确划分之后，可以对要素进行组合以构建更加丰富的测试场景。为了更好地利用这些场景为自动驾驶汽车研发和测试提供支撑，需要对测试场景进行合理分类，构建更为完善的场景数据库结构化体系。

为了满足自动驾驶汽车在开发、验证和测试过程中不同的应用需求，可从不同角度、不同维度对测试场景进行分类。具体分类方法包括以下几类：

1）按测试场景的数据来源进行分类，如自然驾驶数据、危险工况数据、标准法规等来源形成的测试场景，主要用以测试自动驾驶功能的有效性、安全性等。

2）按测试场景表征的抽象程度进行分类，如逻辑场景、功能场景、具体场景等不同层次的测试场景，主要用以满足功能开发不同阶段需求。

3）还可按测试场景所包含的要素属性特征角度进行分类，如结构化道路场景、非结构化道路场景、静态场景和动态场景等。

4）或按测试场景的应用方式进行分类，如仿真测试场景和场地测试场景等。

1.3.2　测试场景构建方法概述

真实世界的场景无穷无尽，故需要通过一定的手段对其进行提炼和抽象；在此基础上，可以进一步演绎出更多场景，并大大降低获取测试场景的成本。场景构建即通过对采集场景的分析，基于不同要素的属性和要素间的关系，生成具有测试价值和意义的场景。场景采集是场景构建的起点，在明确了测试场景的分类方法和构成要素后，应充分考虑不同要素和分类方法的特点，制定合理的场景采集方案和数据处理手段。故而，测试场景的构建首先需要对场景数据采集技术展开研究；进而对采集到的数据进行分析和挖掘，用于对场景内要素特征的提取和类聚；最后将采集和处理后的数据通过关联、贴标签后，即可进入场景库的构建。

对于场景数据采集技术来说，所需采集的数据来源一般包括自然驾驶场景数据、事故场景数据以及从测试过程中新产生的场景数据。第一类数据一般通过场景采集技术在真实环境中采集获得；第二类数据需要基于事故现场采集、行车记录仪、路侧监控记录等信息来源经过重现分析加工获得，且无法主动获取；第三类数据是在前两类数据的基础上通过虚拟仿真测试手段演化形成的，是前两类数据的衍生和补充。其中第一类数据能够全面覆盖各类场景，也是其他类型场景数据的基础；相比于第二类数据，更具采集的可行性。因此，自然驾驶场景数据的采集是场景采集的主要手段。除此之外，还需要从数据的采集范围、采集方法、数据处理技术及数据传输存储方法等方面，综合考虑制定合理的测试场景数据采集技术方案。场景数据采集应以统一的场景数据采集需求、场景数据存储格式、同步方式等为基本前提进行采集，并应制定通用的场景数据采集工具链和统一规范。

对于采集技术方案中数据采集平台的搭建来说，需结合自动驾驶汽车的实际感知技术需求。搭建的场景数据采集硬件平台应尽可能采集到完备的交通场景信息，为数据库的建设提供保障。根据需求的不同，可以分别设计基于视觉和基于多传感器融合的多种采集平台方案。基于视觉传感器的场景采集平台配合目标检测、识别、追踪等算法，具备基本的场景采集能力。该方案成本和技术难度较低，适合大规模驾驶场景采集。基于视觉与毫米波雷达融合的场景采集平台成本稍高，但能够提高整个采集平台的采集精度和可靠性，以及提高驾驶场景采集参数的多样性，更有利于后期的场景数据处理分析和应用。基于多传感器融合的场景采集平台可以安装摄像头、激光雷达、毫米波雷达等感知传感器，同时匹配高精度惯导系统、环视高清摄像头等。通过采集系统同步采集存储各个传感器信号、车辆 CAN 信号、车辆位置信号等参数。同时，配套多传感器融合算法，最终实现视觉、毫米波雷达和激光雷达的目标级数据融合，最大限度地提高场景采集参数的多样性和精度，为驾驶场景数据的处理和分析应用等做好铺垫。

采集到的场景数据，必须经过数据处理后才能形成满足需要的测试场景。主要是通过对场景数据的分析挖掘，借助一定外部手段，完成对场景的理解和场景内要素特征的提取和聚类，并最终支持基于场景要素的重组以实现场景的生成和衍生出更多合理的场景。生成的场景应尽可能重现真实交通中自然驾驶场景、存在危险隐患的场景、事故场景等。复现的场景应在可行的前提下，尽可能高效、准确地反映出潜在风险对自动驾驶汽车的影响。

在完成数据采集以及挖掘分析后，为了对已有数据进行有效的组织、管理与应用，需要建立相应的数据库系统，并应在场景数据库系统架构、数据格式、数据文件接口、数据管理等方面满足相应需求。自动驾驶测试场景构建应按照一定的格式进行，并通过构建驾驶场景数据库对场景进行统一的存储和管理。测试场景数据库建设应依托于一套完整的数据库构建体系。该体系包含数据处理、数据格式化、数据库结构化以及仿真软件接口在内的标准性流程和规范，从而指导测试场景数据库的标准化建设，以便数据库的不断扩充和完善。

1.3.3 测试场景应用关键技术

将测试场景应用于自动驾驶汽车测试的过程中，必须借助一定的技术手段，在特定的测试环境中将场景复现出来。自动驾驶测试场景应用关键技术包括场景应用预处理技术、仿真测试中的场景应用技术以及物理测试中的场景应用技术。

场景的仿真测试依托于虚拟仿真平台的搭建。通过利用虚拟仿真技术对测试场景进行虚拟复现。此外，还可以通过参数重组生成更多测试场景，进而实现对自动驾驶车辆测试。由于场景参数分布的连续性以及场景元素排列组合的多样性，测试场景是不能穷举的，所以虚拟场景也具有无限丰富的特征，可形成数量巨大的测试场景。同时，随着真实采集交通场景个数的不断积累，虚拟场景数据库也会不断地丰富和完善。

虚拟仿真平台涵盖虚拟仿真试验场（SIL、HIL、VIL 等）和驾驶模拟器（人在环）等不同类型的测试平台。其中，虚拟仿真试验场通过将各类静态场景和动态场景进行整合，能够支持不同层级的自动驾驶汽车的虚拟仿真测试。驾驶模拟器用于人机交互系统的研发与测试，能够对多种 ADAS 功能进行研发与测试，并能够被应用于 L3 级别自动驾驶功能的研发和测试中。

自动驾驶仿真测试是一种安全、高效的测试方法，在自动驾驶汽车的测试中发挥了非常重要的作用。在进行封闭场地测试和公共道路测试之前，可以进行大量的虚拟仿真测试，以节约时间和人力成本，加速自动驾驶技术的迭代与验证。仿真测试除了可以帮助企业提高研发效率、节约研发成本外，最重要的应用意义还在于它可以满足巨量的、可重复的、极限工况的场景测试需求。

物理测试中的场景应用技术包括封闭测试区域内的受控测试、半开放区域和公共道路的实证测试。未来随着开放公共道路测试的城市越来越多，参与路测的企业越来越多，对于自动驾驶汽车的快速发展以及走向大规模商用必将起到很好的助推作用。但需要注意的是，国家发展自动驾驶汽车的愿景之一是大量降低交通事故数量和伤亡人数。因此，开展公共道路测试也必须以安全为基本前提，确保测试车辆产品和测试过程安全，严格加强道路交通安全监管。

1.4 开展自动驾驶测试场景研究工作的重要意义

经济全球化加速了汽车产业结构的调整，世界主要汽车产业国家为了提高各自汽车产业的国际竞争力、抢占战略制高点，纷纷开展了智能网联汽车技术的研究。发展智能网联汽车不仅能有效解决道路安全、交通拥堵、能源短缺、环境污染等问题，而且有利于汽车产业的转型升级，同时对电子、通信、软件、互联网、交通等产业集群都具有重要意义。

自动驾驶作为智能网联汽车智能化和网联化两条技术路径的最终结合点与实现形式，是汽车产业发展、技术开发和标准制定的重要对象。自动驾驶汽车的功能与性能的优劣，主要是通过基于场景的一系列测试来进行评价的。场景技术是产品开发验证的重要环节，也是有待突破的自动驾驶测试评价核心难题。开展自动驾驶测试场景的研究工作，是贯彻落实政府主管部门关于智能网联汽车产业发展有关要求的重要措施，也是保障智能网联汽车标准体系建设的有力举措，有助于产业与各研究机构建立对自动驾驶测试场景的统一理解、规范基本概念，使不同采集平台和技术方案相互兼容，不同数据库实现互通与数据共享，对发挥资源集聚优势和节约开发测试成本具有重要作用，并对提升我国汽车标准化水平和加强国际标准法规协调工作具有重要意义。

1. 自动驾驶测试场景研究工作是贯彻政府部门有关要求和落实智能网联汽车标准体系建设的重要措施

由工信部、国标委联合发布的《国家车联网产业标准体系建设指南（智能网联汽车）》提出将以自动驾驶测试场景为重点开展智能化、网联化测试应用工况标准的制定工作；工信部发布的《2018 年智能网联汽车标准化工作要点》将自

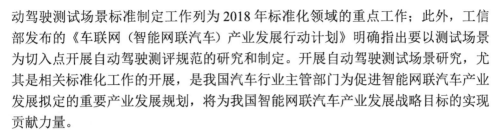

动驾驶测试场景标准制定工作列为 2018 年标准化领域的重点工作；此外，工信部发布的《车联网（智能网联汽车）产业发展行动计划》明确指出要以测试场景为切入点开展自动驾驶测评规范的研究和制定。开展自动驾驶测试场景研究，尤其是相关标准化工作的开展，是我国汽车行业主管部门为促进智能网联汽车产业发展拟定的重要产业发展规划，将为我国智能网联汽车产业发展战略目标的实现贡献力量。

2. 自动驾驶测试场景研究有助于建立对自动驾驶测试场景的统一理解、规范基本概念

自动驾驶测试场景是伴随自动驾驶这一新兴产业而产生的技术性研究领域，在全球范围内还未建立统一的概念，对于相关术语定义、技术范畴和核心要素尚无统一理解，在该领域的各个层面都还未形成相应的准则，不利于行业技术交流、产业合作及标准制定工作的开展。产业急需开展自动驾驶测试场景的相关研究工作并构建适应于我国智能网联汽车产业发展的标准体系，以相关概念的统一为基础，合理规划能够服务于从概念设计到模拟仿真、从场景库建设到实际测试场地搭建的一整套场景应用框架，满足产业发展的切实需求。

3. 自动驾驶测试场景标准化使不同采集平台和技术方案相互兼容，不同数据库数据实现互通与数据共享，有效节约开发和测试成本

近年来，包括中国在内的世界主要汽车产业国家和地区都纷纷启动了有关自动驾驶测试场景的研究工作，各个国际化组织和产业联盟也开展了数据采集、场景库建设研究并开始尝试探索产业化运营模式，逐步形成了多种采集方案、多种数据平台和多种应用方式并存的技术路径和产业化格局。通过将测试场景研究的成果以标准的形式予以呈现，将不同技术方案的共性要素进行提取、分析和统一，有助于打破不同技术方案之间的壁垒，实现平台互融互通与数据合理共享，以及各从业单位的分工与协作，有效降低海量数据采集所带来的巨额成本，显著提高数据利用率和单位价值，从而形成更为科学合理的产业化运营模式，促进测试场景的规模化应用。

4. 自动驾驶测试场景标准化工作是我国深入参与国际标准法规工作的关键点和突破口

智能网联汽车国际标准法规协调工作将是我国未来一段时间汽车产业标准化工作的重点，测试场景标准制定已经被世界各国及各个标准化组织列为重点工作内容之一。近年来，我国已通过制定产业发展政策、推动智能网联汽车道路测试、建立自动驾驶示范区等，为开展国内自动驾驶测试场景标准制定及参与国际标准法规协调工作打下了基础。制定科学合理的相关标准并将其应用于产业实践，将有助于我国汽车行业在联合国 UN/WP.29 及 ISO/TC22 标准化活动中占据先发优势，通过相关成熟提案的提出为国际标准法规的制定贡献更多中国智慧，从而进一步提升我国汽车产品的国际影响力和地位。

5.自动驾驶测试场景研究工作有利于促进自动驾驶技术的快速迭代发展

对于自动将驾驶测试场景的研究，可以加快自动驾驶技术的发展。现今已经出现了加速测试的测试方法，此种方法以大量的场景数据为基础，利用聚类算法提取易碰撞场景的特征，并利用以上特征合理地构建极端场景模型集合。使用极端场景集合可以使自动驾驶算法快速地遍历多种极端场景，低价高效地促进算法的成熟和发展。

自动驾驶测试场景是自动驾驶技术验证、评估的必由之路，对于自动驾驶技术路线的发展具有重要意义，从研发角度，用测试场景训练模型，迭代算法，可以加快自动驾驶技术的进步，进一步推动自动驾驶技术的发展；从管理角度，自动驾驶技术将会打破汽车行业的旧生态，重塑汽车行业新环境。在不久的将来，传统的测试认证手段将无法适用于自动驾驶汽车，汽车行业将建立一套以测试场景为基础的全新的认证管理体系。

本章从自动驾驶技术的发展现状出发，总结了目前主流的测试方法、测试工具以及测试对象，进而说明了测试场景的研究和应用对推动自动驾驶技术发展的重要性。

- 在总结现有研究成果的基础上，对测试场景的基本内容做了阐述，从场景的基本内涵、测试场景的作用、时空尺度、不同视角、构成要素等多个方面进行了介绍。

- 从自动驾驶汽车在功能开发、测试、验证等不同测试阶段的不同测试需求出发，较为全面地梳理了测试场景在应用过程中的可量化、可执行、拟真性等基本要求以及多用途、可界定、可调整等一般特征。

- 从测试场景实际应用角度出发，介绍了测试场景数据采集、数据库构建、测试平台应用等关键技术。

- 说明并总结了测试场景的研究是自动驾驶功能研发的必经之路，是自动驾驶汽车发展的基石，对我国乃至国际汽车标准化工作都具有极其重要的意义。

本章参编人员

邢星宇　陈君毅　马依宁　陈超　翟洋　孙航　张行　徐优志

参考文献

［1］ SAE.Taxonomy and Definitions for Terms Related to Driving Automation Systems for On-Road Motor Vehicles：J3016—2018［S］.SAE，2018.

［2］ 范志翔，孙巍，潘汉中，等.自动驾驶汽车测试技术发展现状与思考［J］.中国标准化，2017（20）：49-50，57.

［3］ KOOPMAN P，WAGNER M. Challenges in autonomous vehicle testing and validation[J]. SAE International Journal of Transportation Safety，2016，4（1）：15-24.

［4］ BAGSCHIK G，MENZEL T，MAURER M. Ontology based scene creation for the development of automated vehicles［C］. 2018 IEEE Intelligent Vehicles Symposium (IV).IEEE，2018：1813-1820.

［5］ THORN E，KIMMEL S C，CHAKA M，et al. A framework for automated driving system testable cases and scenarios［R］. United States，Department of Transportation，National Highway Traffic Safety Administration，2018.

［6］ GEYER S，BALTZER M，FRANZ B，et al. Concept and development of a unified ontology for generating test and use-case catalogues for assisted and automated vehicle guidance［J］. IET Intelligent Transport Systems，2013，8（3）：183-189.

［7］ ULBRICH S，MENZEL T，RESCHKA A，et al. Defining and substantiating the terms scene，situation，and scenario for automated driving［J］. IEEE，International Conference on Intelligent Transportation Systems，2015：982-988.

［8］ MENZEL T，BAGSCHIK G，MAURER M. Scenarios for development，test and validation of automated vehicles［J］. 2018 IEEE Intelligent Vehicles Symposium (IV).IEEE，2018：1821-1827.

第2章 自动驾驶测试场景技术与标准现状

　　自动驾驶测试场景是自动驾驶技术开发、验证、确认和测试评价的重要基础，世界各国对自动驾驶测试场景技术都给予了相当的重视。自动驾驶测试场景技术的研究范围非常广泛，包含了针对自动驾驶测试场景的方法论、数据采集、数据挖掘、场景重构、仿真、场地、道路场景等各个方面。在自动驾驶测试场景技术的发展过程中，其标准化工作也在同步进行，自动驾驶测试场景的标准化，将提升测试场景应用范围，降低场景采集成本，提高场景库数据的可复用性，进而加速推进自动驾驶技术快速发展。

2.1　国外自动驾驶测试场景技术研究现状

1.欧洲

（1）KITTI

　　KITTI 由德国卡尔斯鲁厄理工学院和丰田美国技术研究院联合创办，是目前国际上最大的自动驾驶场景下的计算机视觉算法评测数据集。数据可用于评测目标（机动车、非机动车、行人等）检测、目标跟踪、路面分割等计算机视觉技

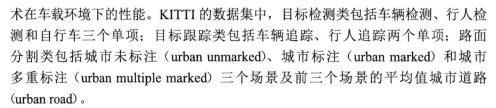

术在车载环境下的性能。KITTI 的数据集中，目标检测类包括车辆检测、行人检测和自行车三个单项；目标跟踪类包括车辆追踪、行人追踪两个单项；路面分割类包括城市未标注（urban unmarked）、城市标注（urban marked）和城市多重标注（urban multiple marked）三个场景及前三个场景的平均值城市道路（urban road）。

（2）Cityscapes

Cityscapes 数据集由奔驰主推，提供无人驾驶环境下的图像分割数据集。数据可用于评估视觉算法在城区场景语义理解方面的性能。用 PASCAL VOC（Pattern Analysis, Statistical Modeling and Computational Learning Visual Object Classes Challenge）标准的 IoU（intersection-over-union）得分来对算法性能进行评价。Cityscapes 包含 50 个城市不同场景、不同背景、不同季节的街景，提供超过 5 000 张精细标注的图像、20 000 张粗略标注的图像、30 类标注物体。

（3）PEGASUS

PEGASUS 项目是由德国联邦经济事务和能源部发起的，旨在建立为自动驾驶汽车进行安全评估和测试的技术规范。德国汽车行业普遍认为应当有一套标准化的场地测试和试验流程来保障在其上路前的安全。因此，PEGASUS 联合德国本土汽车行业近 17 家大小企业和研究机构共同来定义保障高度自动驾驶上路前的一系列测试标准。PEGASUS 项目共有四个部分构成：场景分析和评价标准研究，应用过程分析，测试，可扩展性分析。PEGASUS 项目主要聚焦于 SAE L3 级别的高速公路场景的研究和分析，并将场景按照抽象级别划分为三个层次：功能场景（Functional scenarios）、逻辑场景（Logical scenarios）和具体场景（Concrete scenarios）。功能场景是通过语言场景符号来描述域内的实体以及实体间的关系。逻辑场景通过定义状态空间内变量的参数范围，可以表达实体特征和实体间的关系。具体场景则通过确定状态空间中每个参数的具体值来明确描述实体和实体间的关系。

2. 美国

（1）NHTSA

美国国家公路交通安全管理局（NHTSA）于 2018 年组织了一个名为"自动驾驶系统测试用例和场景框架"研究项目，旨在提供自动驾驶系统概念开发的测试场景框架。场景框架的开发基于行业目前公认的模拟仿真、场地测试和道路测试相组合的基本思想。此测试场景框架的开发和基于场景的样本测试方法用可视化示例的方式，确定和识别了针对 SAE L3 高速公路自动巡航及 SAE L4 代客泊车等功能下的七大通用类别的 24 类场景，同时也识别了与场景相关的风险概念，后续可有助于立法机构确定适当的测试规程。

（2）SAE

"自动驾驶汽车可变性能测试"（Variable Performance Testing for AVs）是由美国 SAE International（Society of Automotive Engineers）发起的基于场景的测试方法研究项目。项目参与单位由 17 个单位组成，包括整车企业、一级供应商、地图供应商和科技公司。其测试方法的开发同样包括模拟及虚拟测试、封闭道路测试、开放道路测试三个类别。考虑要素包括了 SAE 标准里定义的操作行为设计运行范围、目标和事件探测与响应、失效模式、网络安全。自动驾驶汽车可变性能测试项目所研究的测试场景涵盖了城市、住宅区、道路、校园和行人五大区域，同时包含了结构化道路和部分非结构化道路作为测试的基础。

3. 日本

日本于 2013 年启动了名为 SIP（战略性创新创造方案）的项目 SIP-ADUS（Innovation of Automated Driving for Universal Services），其中，自动驾驶是它的核心之一。其子项目场地操作测试（FOT）参与者包括：OEM 厂商、供应商、大学、研究机构和政府机关等。试验场地规划为高速公路、干线道路及测试场地。场地操作测试包含了对动态地图数据的验证、HMI 及网络安全。SIP 在自动驾驶测试场景方面，无论是在高精地图绘制、技术测试方面，还是实验项目的推动方面，日本自动驾驶行业的发展都有国家、企业和民间机构的共同参与。2018 年日本就已完成 30 万 km 公路的 3D 高精地图绘制，进行了基于自动驾驶测试场景动态地图实验和人机交互实验，并进行驾驶人集中度、接管所需时长的验证。

2.2 我国自动驾驶测试场景技术研究现状

为把握汽车新四化这一产业变革带来的技术和社会生态系统升级，结合我国信息化与经济高速增长阶段转向高质量发展阶段历史时期，工业和信息化部近年推进了重庆、北京、浙江、武汉、长春、上海、无锡、天津等城市的智能网联或自动驾驶示范区，打造基于自动驾驶技术和产业需求的智能网联汽车测试场景。以智能驾驶、智慧路网、车路协同、新能源汽车、联网汽车等关键技术为牵引，以构建"安全、绿色、高效、便捷"为最终目标的智能汽车与智慧交通产业创新示范应用区，促进我国智能汽车、智慧交通和宽带移动互联网协同发展。

2018 年 4 月，工信部、公安部和交通运输部联合发布了《智能网联汽车道路测试管理规范（试行）》。对智能网联汽车道路测试申请、审核、管理以及测试主体、测试驾驶人和测试车辆要求等进行规范。截至 2018 年 12 月底，全国已有 14 个城市发布与管理规范相配套的实施细则，全国已颁发了共 101 张路测牌照，分别由互联网公司、主机厂、共享出行平台共 32 家自动驾驶相关企业从 14 座城市获得。

中国汽车技术研究中心有限公司数据资源中心自 2015 年开展驾驶场景数据采集及分析研究工作以来，不断积累自然驾驶场景资源，目前已采集超过 32 万 km 自然驾驶里程数据，地域覆盖北京、天津、上海等重点城市，工况覆盖高速、城市、乡村、停车场等重点领域，环境覆盖晴天、雨天、雪天、雾霾等多种天气，范围覆盖典型场景、边角场景、事故场景等多种类型，已建设成为首屈一指的中国特色驾驶场景数据库。经过多年的经验积累，数据资源中心逐步形成了完善的数据采集规范、数据处理流程、特征提取方法、场景数据库结构规范、测试用例数据格式、驾驶场景虚拟仿真测试方法等理论体系。

中国交通事故深入研究项目 China In-Depth Accident Study（CIDAS）启动于 2011 年 7 月，由中汽中心车辆安全与鉴定技术研究所联合国内外多家知名汽车企业发起，旨在通过对中国道路交通事故的深入调查、分析和研究，为中国乃至国际汽车行业提供基础数据支持和技术服务。从 2011 年启动至今，CIDAS 项目已经采集了 3000 多起中国道路交通事故，数据库的丰富内容已经得到了广泛的认可，CIDAS 项目阶段性成果已在相关汽车安全标准的制修订、车辆主被动安全技术研究及 C-NCAP 测试评价等多个方面得到了应用。该项目对于中国典型的交通事故进行了广泛的收集，对自动驾驶的场景库仿真与研究具有重要意义。

公安部交通研究所综合了国内交通情况及国外测试基地管理模式，初步设计了我国自动驾驶能力测试场景，包含封闭、半开放、开放、高速和虚拟五种测试环境，测试场景库和评价规则库两个测试评价库，以及 1 个自动驾驶能力测试评价平台。目前，测试环境已形成以封闭场地为点、以半开放道路为线、以全开放道路为面的测试布局。其中，封闭场地占地 200 亩[⊖]，拥有公路、城市道路、高速公路、环道、多功能、室内六大测试区；半开放道路环境拥有 10km 测试道路、146 个视频全程监控点和 9 个信控路口。下一步将围绕这些设计方面，不断完善测试环境、评价库和评价平台建设，对车企开放测试环境，提供驾驶能力测试评价服务。

百度的 Apollo 开放平台于 2018 年发布 ApolloScape，不仅开放了比 Cityscapes 等同类数据集大 10 倍以上的数据量，包括感知、仿真场景、路网数据等数十万帧逐像素语义分割标注的高分辨率图像数据，进一步涵盖更复杂的环境、天气和交通状况等。从数据难度上来看，ApolloScape 数据集涵盖了更复杂的道路状况（例如，单张图像中多达 162 辆交通工具或 80 名行人），同时开放数据集采用了逐像素语义分割标注的方式，是目前环境最复杂、标注最精准、数据量最大的自动驾驶数据集。ApolloScape 发布的整个数据集包含数十万帧逐像素语义分割标注的高分辨率图像数据，为便于研究人员更好地利用数据集的价值，在数

⊖ 1 亩 ≈666.67m²。

据集中定义了共26个不同语义项的数据实例（例如汽车、自行车、行人、建筑和路灯等），并将进一步涵盖更复杂的环境、天气和交通状况等。

清华大学苏州汽车研究院从2016年开始就致力于对交通视频的分析与挖掘工作，运用图像分析与机器学习等方法对日常潜在的交通隐患场景进行分析与识别。目前已经搜集了数万条潜在交通隐患的场景数据，运用这些数据可以仿真再现道路上的真实场景，该数据对于分析日常交通流量与潜在交通隐患具有重要意义。同时还把各种场景进行了安全等级划分与分类，在场景挖掘和场景重构上做了大量工作。

国家智能网联汽车（上海）试点示范区于2017年6月启动"昆仑计划：中国智能驾驶全息场景库建设"项目。中国典型道路环境全息驾驶场景库是国家智能网联汽车（上海）试点示范区"昆仑计划"测试工具链建设的核心和源头。上海淞泓智能汽车科技有限公司（上海市智能网联汽车创新中心）以示范区建设为依托，全力推进场景库建设各项工作开展，作为国内最早提出并启动场景库建设的第三方机构，目前已积累了包含自然驾驶数据、场地测试数据、交通事故数据、路侧视频数据和网联通信数据等多源数据组成的综合性场景数据库。基于仍在不断扩大的数据采集投入，所形成场景库已全面涵盖不同等级道路交通运行环境和车辆动态驾驶任务，结合场景构建工具链开发及数据分析能力建设，目前该场景库已初步具备服务能力和评价功能：一方面为整车及零部件企业面向中国市场的智能汽车产品定义与研发提供数据支持；另一方面为示范区作为监管机构进行智能汽车的评价与测试提供数据依据，助力智能网联汽车技术及产业发展。

无锡车联网（LTE-V2X）城市级示范应用项目于2018年5月正式签约揭牌，标志着全球第一个城市级的车路协同商用平台——车联网（LTE-V2X）城市级示范应用重大项目已经进入全面实施阶段。该项目由无锡市人民政府督导，由中国移动、公安部交通管理科学研究所、华为、中国信息通信研究院、无锡市公安局、天安智联科技作为核心成员单位落实推进。规划建成覆盖无锡老城区、太湖新城、高铁站、机场、雪浪测试场等211个路口和5条高架桥，服务10万辆社会车辆的车联网平台。远期将实现城市级规模示范应用。

国汽智联公司于2018年组织中汽中心、中国汽研、中国联通、宇通客车、北汽福田、北汽股份、北京航空航天大学、清华大学、同济大学、吉林大学、北科天绘和亮道智能13家单位成立了联合项目组进行"中国标准ICV场景库理论架构体系"的研究，共同完成了基于中国道路特色的ICV场景库理论架构体系研究报告（草案），为下一阶段规模化的场景数据采集提供理论指导和作业过程方法。

中国汽车工程研究院于2018年发布"中国典型驾驶场景库V1.0"，同时也在数据采集方面发布了数据采集规范、设备方案、数据标定与融合算法、道路测试平台；在场景库构建工具方面，发布了场景数据的提取、标注、聚类、虚拟转换的软件工具。在中国典型驾驶场景库 V1.0 中，于国内首次发布了 11 类中国典型危险场景、5 类中国典型泊车场景和中国典型跟车场景，实现了用于智能网联汽车虚拟仿真的场景库从无到有的突破。截至 2018 年年底中国汽研拥有 16 台自有数据采集车，已采集 30 多万 km 自然驾驶数据，覆盖北京、上海、重庆等 23 个省市，为后续联合研究中心的中国典型驾驶场景库 V2.0 版、标准制定、智能网联汽车测试评价方法及软硬件开发提供支撑。

2.3 国外自动驾驶测试场景标准法规现状

联合国世界车辆法规协调论坛（WP29）于 2018 年完成智能网联汽车工作组（GRVA 工作组）的改组，并建立了自动驾驶评价与管理办法非正式工作组（VMAD），VMAD 是在 WP.29 后形成的专门研究自动驾驶管理办法的非正式工作组，工作组职责范畴主要包括了在自动驾驶测试面临新问题和新挑战的背景下，在联合国层面开展自动驾驶汽车型式认证及相应流程等管理方法。其中，自动驾驶测试场景技术标准和法规是工作组重要的基础研究内容。

国际标准化组织道路车辆委员会车辆动力学分委会（ISO/TC22/SC33）于 2018 年 4 月全体会议通过决议（TC22 /SC33 / RESOLUTIONS IN 2018-Resolution 67），指定中国担任新组建自动驾驶测试场景工作组（WG9）召集人，统筹开展自动驾驶测试场景相关标准研究与制定工作。工作组开展国际标准制定的工作范畴，拟围绕 L3 及以上级别自动驾驶测试场景、以安全相关场景为重点开展标准研究与制定。2019 年年初，工作组已提出了各标准项目全周期时间计划，并对各项工作涉及的起草与撰写周期、意见建议征集等相关时间节点等进行了安排与部署，并以中国专家提出的技术逻辑方案为基础形成了测试场景相关核心术语的统一技术逻辑和起草方案。ISO 自动驾驶测试场景工作组将有效推动自动驾驶测试场景国际标准制定进程，促进自动驾驶测试场景相关技术和试验的快速推进。

欧盟积极推动自动驾驶汽车相关测试标准和法规的出台，于 2014 年推出 "Adaptive" 项目（Automated Driving Applications & Technologies for Intelligent Vehicles，智能车辆自动驾驶应用和技术），旨在开发针对城市道路场景和高速公路场景的自动驾驶汽车功能的开发。参与该项目的整车制造商有大众、宝马、标致雪铁龙、雷诺、沃尔沃、福特、菲亚特、欧宝、戴姆勒等，零配件供应商有博世、大陆、德尔福等，其他项目参与方还包括研究中心、大学和一些欧洲的中小企业。除进行技术研发和场景研究以外，"Adaptive" 项目还将研究与无人驾驶汽车匹配的标准和道路交通法律法规。

德国汽车行业普遍认为应当有一套标准化的场地测试和试验流程来保障高度

自动驾驶汽车上路前的安全。由此德国联邦经济事务和能源部发起了 PEGASUS 项目，旨在建立自动驾驶行业的标准。该项目从 2016 年开始，于 2019 年中旬结束，历时 42 个月，参与成员覆盖范围广，PEGASUS 的研究成果有可能最终会在整个欧盟范围内被参考。PEGASUS 联合德国本土汽车行业近 17 家大小企业和研究机构共同来定义保障高度自动驾驶上路前的一系列测试标准。PEGASUS 项目共由四个部分构成：场景分析和评价标准研究、应用过程分析、测试以及可扩展性分析。在场景分析和评价标准研究部分，主要目标是找出合适并有效的方法工具来证明自动驾驶系统的安全性在上路前得到充分的验证，而且验证过程能够被行业内甚至社会大众认可。PEGASUS 以高速公路场景为例，基于事故以及自然驾驶数据建立场景数据库，以场景数据库为基础对系统进行验证。应用过程分析部分旨在建立符合自动驾驶的开发和测试流程。

美国国家公路交通安全管理局（NHTSA）发起的"自动驾驶系统测试用例和场景框架"研究项目，和 SAE International 发起的"自动驾驶汽车可变性能测试"，其基本的思路类似，都是在初期对自动驾驶测试场景进行研究和建设，在此基础上再进行基于场景的测试方法的研究。NHTSA 的"自动驾驶系统测试用例和场景框架"研究项目旨在提供自动驾驶系统概念开发的测试场景框架，确定和识别了针对 SAE L3 高速公路自动巡航及 SAE L4 代客泊车等功能下的七大通用类别的 24 类场景，同时也识别了与场景相关的风险概念，后续可有助于立法机构确定适当的测试规程。SAE International 的"自动驾驶汽车可变性能测试"，考虑要素包括了 SAE 标准中定义的操作行为设计运行范围、目标和事件探测与响应、失效模式、网络安全。自动驾驶汽车可变性能测试项目所研究的测试场景涵盖了城市、住宅区、道路、校园和行人五大区域，其中的测试场景也进行了一系列的标准化工作，包含了道路和部分非结构化道路标准化标注，这些都用以作为测试的基础。

日本政府为鼓励和规范公共道路测试自动驾驶技术，宣布从 2017 年 9 月到 2019 年 3 月在国内部分高速公路、专用测试道路上进行自动驾驶汽车测试。日本警察厅作为《道路交通安全法》的执法主体单位，于 2015 年 10 月组织开展了自动驾驶技术相关政策课题的研究。2016 年 5 月，日本警察厅颁布了《自动驾驶汽车道路测试指南》，明确驾驶人应当坐在驾驶位上，测试车辆和驾驶人均应符合并遵守现行法律法规。2017 年 6 月，日本警察厅发布了《远程自动驾驶系统道路测试许可处理基准》，允许汽车在驾驶位无人的状态下进行上路测试。在自动驾驶汽车国际标准出台之前，为了促进自动驾驶汽车的安全开发与应用，并使其早日走向市场。2018 年 9 月，日本国土交通省正式对外发布了《自动驾驶汽车安全技术指南》，明确规定了 L3、L4 级自动驾驶汽车所必须满足的一系列安全条件。日本国土交通省希望借此促进汽车厂商对自动驾驶汽车的进一步开发，继续探讨自动驾驶相关国际标准的制订。2018 年日本已完成 30 万 km 公路的 3D 高精地图绘制，进行了自动驾驶测试场景动态地图实验和人机交互实验，并进行驾驶人集中度、接管所需时长的验证，这些也用以作为国际标准化工作的支撑。

2.4　我国自动驾驶测试场景标准法规现状

自动驾驶测试场景是支撑汽车自动驾驶及其测试评价技术的核心要素与关键技术。工业和信息化部、国家标准委联合发布的《国家车联网产业标准体系建设指南（智能网联汽车)》（图 2-1）规划了汽车智能化、网联化测试评价场景与工况的标准制定任务；工业和信息化部发布的《2018 年智能网联汽车标准化工作要点》也要求启动自动驾驶测试场景标准研究，承担相应的国际标准法规研究制定任务，提出国际标准提案并牵头相关制定工作。

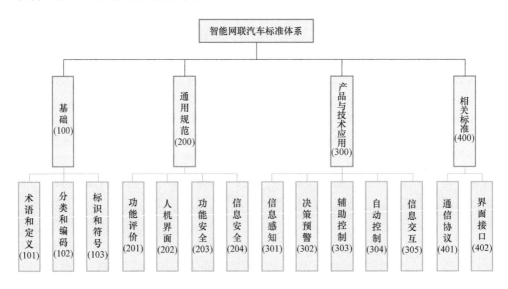

图 2-1　国家车联网产业标准体系建设指南（智能网联汽车）

工信部、公安部和交通运输部于 2018 年 4 月联合发布《智能网联汽车道路测试管理规范（试行）》（简称《管理规范》），对智能网联汽车道路测试申请、审核、管理以及测试主体、测试驾驶人和测试车辆要求等进行规范。按照管理规范，测试车辆应在封闭道路、场地等特定区域进行充分的实车测试，由国家或省市认可的从事汽车相关业务的第三方检测机构对其 14 项自动驾驶功能进行检测验证，确认其具备进行道路测试的条件，方可申请进行自动驾驶道路测试。目前，国内已有十余个省市级地方政府依据《管理规范》制定实施了相关实施细则，部分地方开始发放测试牌照，见表2-1。伴随开放道路类型和长度的不断增加，通过测试所收集的场景类型和数量也在快速增长。根据《管理规范》要求，测试车辆应在封闭测试区中以复现典型的道路交通环境为主，依托封闭场地开展自动驾驶测试理论及方法研究，模拟尽可能多的交通场景，不断积累测试数据，为自动驾驶车辆开放道路测试提供有力支撑。

表2-1 全国各地智能网联测试场地及管理办法情况

城市	管理规范	管理规范出台时间	封闭测试场地	开放测试道路	测试牌照发放情况
北京	《北京市自动驾驶车辆道路测试管理实施细则（试行）》	2017.12.08	国家智能汽车与智慧交通（京冀）示范区海淀基地	33条共105km	百度、蔚来、北汽、小马智行、戴姆勒等
上海	《上海市智能网联汽车道路测试管理办法（试行）》	2018.02.28	国家智能网联汽车（上海）试点示范区	37.2km	上汽、蔚来、宝马等
重庆	《重庆市自动驾驶道路测试管理实施细则（试行）》	2018.03.14	智能汽车集成系统试验区（i-VISTA）	9.6公里，覆盖12个典型路口	长安、百度、一汽、东风、广汽、吉利、福田
长春	《长春市智能网联汽车道路测试管理办法（试行）》	2018.04.16	暂无	总长约8km	一汽
长沙	《长沙市智能网联汽车道路测试管理实施细则（试行）》	2018.04.17	湖南湘江新区智能系统测试区	总长约7.8km	百度、湖南中车电动车等
广州	《广州市关于智能网联汽车道路测试有关工作的指导意见》	2018.06.04	暂无	南沙	未知
福建平潭	《平潭综合实验区无人驾驶汽车道路测试管理办法（试行）》	2018.05.09	暂无	平潭	金龙客车、云度等
深圳	《深圳市智能网联汽车道路测试开放道路技术要求（试行）》	2018.5.22	暂无	124km	腾讯
天津	《天津市智能网联汽车道路测试管理办法（试行）》	2018.06.28	暂无	29.85km	百度、卡达克
济南	《济南市智能网联汽车道路测试管理办法（试行）》	2018.07.25	暂无	4.8km	中国重汽、北京主线科技
杭州	《杭州市智能网联车辆道路测试管理实施细则（试行）》	2018.07.27	暂无	未知	阿里巴巴

　　为配合和支撑《智能网联汽车道路测试管理规范（试行）》所列自动驾驶功能检测项目的规范开展，中国智能网联汽车产业创新联盟、全国汽车标准化技术委员会智能网联汽车分技术委员会，组织相关行业组织、机构和骨干企业，共同编制了《智能网联汽车自动驾驶功能测试规程（试行）》，列出了智能网联汽车自动驾驶功能检测项目，包括障碍物识别及响应、跟车行驶等9个必测项目和交通信号灯识别、网联通信等5个选测项目，依据各项目特点，拟定其细分及对应的必测场景20个和选测场景14个，部分见表2-2，提出各检测项目对应测试场景、测试规程及通过条件，为各省市级地方政府组织开展智能网联汽车道路测试工作提供参考，为第三方检测机构进行自动驾驶功能检测验证提供依据和借鉴。

表2-2　智能网联汽车自动驾驶功能检测项目及测试场景

序号	测试项目	测试场景
1	交通标志和标线的识别及响应	限速标志识别及响应
		停车让行标志和标线识别及响应
		车道线识别及响应
		人行横道线识别及响应
2	交通信号灯识别及响应 *	机动车信号灯识别及响应
		方向指示信号灯识别及响应
3	前方车辆行驶状态识别及响应	车辆驶入识别及响应
		对向车辆借道行驶识别及响应
4	障碍物识别及响应	障碍物测试
		误作用测试
5	行人和非机动车识别及避让 *	行人横穿马路
		行人沿道路行走
		两轮车横穿马路
		两轮车沿道路骑行
6	跟车行驶	稳定跟车行驶
		停—走功能
7	靠路边停车	靠路边应急停车
		最右车道内靠边停车
8	超车	超车
9	并道	邻近车道无车并道
		邻近车道有车并道
		前方车道减少

（续）

序号	测试项目	测试场景
10	交叉路口通行 *	直行车辆冲突通行
		右转车辆冲突通行
		左转车辆冲突通行
11	环岛通行 *	环岛通行
12	自动紧急制动	前车静止
		前车制动
		行人横穿
13	人工操作接管	人工操作接管
14	联网通讯 *	长直路段车车通信
		长直路段车路通信
		十字交叉口车车通信
		编队行驶

注：根据《智能网联汽车道路测试管理规范（试行）》要求，* 为选测项目。

针对各地推出的测试场地无相关的标准技术支撑，2018 年 7 月，交通运输部出台《自动驾驶封闭场地建设技术指南（暂行）》，旨在规范自动驾驶封闭测试场地建设要求，指导各地各单位开展自动驾驶封闭场地建设，更好地服务封闭场地测试工作及自动驾驶技术发展，有力支撑智能交通建设和自动驾驶技术发展。

另外，基于《北京市关于加快推进自动驾驶车辆道路测试有关工作的指导意见（试行）》和《北京市自动驾驶车辆道路测试管理实施细则（试行）》的要求，北京市于 2018 年联合发布了《北京市自动驾驶车辆道路测试能力评估内容与方法（试行）》和《北京市自动驾驶车辆封闭测试场地技术要求（试行）》两份试行文件。文件的核心思想是要求被测试的自动驾驶车辆在特定的封闭道路内经历模拟现实交通环境的多种交通场景，进而以相应指标和评分体系来评估被测试车辆的自动驾驶能力。在评估体系的设计上，其包括认知与交通法规遵守能力评估、执行能力评估、应急处置与人工介入能力评估、综合驾驶能力评估、网联驾驶能力评估 5 方面，共 40 个小项，包含了雨天、雾天、夜晚等场景，通过相关科目有具体的时间要求，比如坡道起步不得超过 30s 等。

作为我国智能网联汽车标准化归口管理技术委员会，汽标委智能网联汽车分委会自动驾驶工作组着手进行了自动驾驶测试场景的研究。在驾驶场景数据研究上提出了一整套研究框架，包含技术规范的研究、数据技术、数据采集及分析、驾驶场景数据库、数据标注及模型训练、虚拟仿真测试及实车场地测试，覆盖了测试场景所涉及的各个方面，包括技术规范、数据的采集及处理以及场景的生成及使用。同时，汽标委智能网联汽车分委会已启动一系列基于不同场景条件下的自动驾驶功能测试方法标准制定和研究工作，见表2-3。

表2-3 汽标委智能网联汽车分委会计划中的场景标准

序号	标准项目
1	智能网联汽车 自动驾驶功能测试方法及要求 第1部分：通用功能
2	智能网联汽车 自动驾驶功能测试方法及要求 第2部分：城区行驶功能
3	智能网联汽车 自动驾驶功能测试方法及要求 第3部分：高速公路行驶功能

除了国内标准工作外，2018年4月，汽标委智能网联汽车分委会秘书处单位中国汽车技术研究中心有限公司代表中国参加国际标准化组织道路车辆委员会车辆动力学分委会（ISO/TC22/SC33）全体会议，正式提出开展自动驾驶测试场景国际标准制定的提案，获得SC33全体会议认可。会议通过决议（TC22/SC33/RESOLUTIONS IN 2018-Resolution 67），指定中国担任新组建工作组（WG9）召集人，统筹开展自动驾驶测试场景相关标准研究与制定工作。为贯彻落实《国家车联网产业标准体系建设指南（智能网联汽车)》，履行国际标准工作组召集人职责，支撑自动驾驶测试场景国际标准化工作，汽标委智能网联汽车分标委（SAC/TC114/SC34）成立了自动驾驶测试场景国际标准制定支撑专家组，专家组职能主要包括：

① 支撑ISO/TC22/SC33/WG9召集人工作，协助召集人积极履行相应职责。

② 支撑中国提出国际标准提案，支撑标准制定和协调，代表中国完成ISO工作组安排的相关任务，向工作组推荐国际标准专家。

③ 与国际标准同步研究，并按计划实施我国国家标准制定工作。

综合国内各标准制定机构目前的情况，我国国内对自动驾驶测试场景的标准需求较为紧迫，已有部分组织及单位制定或正在制定与之相关的标准，但仍未形成满足产业发展需求的标准体系。同时，国家标准仍在制定过程中，导致各机构之间制定的标准可能存在不兼容的情况。开发和验证自动驾驶所必需的测试场景相关的标准的制定，将有助于形成行业合力，加快智能网联汽车的发展。

2.5 自动驾驶测试场景技术标准化面临的问题和挑战

自动驾驶测试场景是支撑汽车自动驾驶及其测试评价技术的核心要素与关键技术，基于场景的测试方法则是自动驾驶功能测试的重要手段。当前，虽然自动驾驶的发展引发广泛关注，但与其相关的技术、试验、政策、法规等尚处于发展过程中，针对自动驾驶的评价技术也在不断完善。自动驾驶测试场景技术研究在技术、标准化等方面也存在诸多问题和挑战。

1）测试场景的构建面临复杂程度高、实时变化、充满不确定性的问题。

① 自动驾驶环境的复杂程度高，测试场景构成要素包括车、路、行驶环境等，多种要素进行组合，存在场景无限丰富、极其复杂、充满不确定性的困难。

② 实际场景的多样、复杂，例如道路标识标志可能不规范，面临如何有效建模、如何有效测试自动驾驶的功能和性能等问题。

③ 面对海量的测试场景，是否有合适的自动化技术，从而能够减少工作量、提升效率，这也是行业面临的共性问题。

2）测试场景的广泛覆盖性和分类的多样性，造成了业内共识不足和扩展的连续性问题。

① 针对场景的定义、架构等，目前有多种分类方法，怎样更好地基于应用或基于来源等形成统一共识是亟待讨论的课题。

② 如何通过有限的测试场景有效表征真实世界的无限场景，充分支撑测试评价工作开展也是课题之一。

③ 自动驾驶的技术持续演进，如何实现测试场景的可扩展性，从而支撑不断发展的新技术测试的开展，也是其中一个课题。

3）自动驾驶测试场景技术的标准化在场景数据采集、接口定义等方面也面临一些挑战。

① 自动驾驶面临交通场景复杂、拓扑结构快速变化等因素，对于场景构成要素，车、路、行驶环境的表征，如何更好地进行数据采集和提取特征是面临的问题之一。

② 传感器类型的多样性造成的场景数据格式多样化，以及应用软件多样性造成的接口定义多样化，给标准化工作带来挑战。

③ 自动驾驶测试场景的一致性、可复现性、可用性问题，也是场景的标准化应用和快速推进自动驾驶技术落地的关键问题和挑战。

自动驾驶技术从功能样机开发走向量产和商用，需要对其开发过程、功能和性能进行大量复杂的测试验证。传统车辆测试评价主要基于典型应用场景对整车或部件的功能及性能进行测试验证，而自动驾驶汽车作为代替人（部分或全部）的信息耦合系统，传统的基于典型应用场景的手段无法满足自动驾驶汽车测试验证要求。基于多场景结合及复杂场景加速的测试方法，是自动驾驶技术验证的必然手段。自动驾驶场景，特别是自动驾驶测试场景成为自动驾驶技术开发、验证、确认和测试评价的基础。

世界各国对自动驾驶测试场景技术都给予了相当的重视。自动驾驶测试场景的研究范围非常广泛，包含了针对自动驾驶测试场景的方法论、数据采集、数据挖掘、场景重构、仿真、物理场景（测试场场景、公共道路场景）等各个方面，为自动驾驶技术的快速发展和测试验证奠定了较好的基础。

在自动驾驶测试场景技术的发展过程中，其标准的建立具有更深远的意义。标准的本质在于接口和交互，自动驾驶测试场景标准的发展，旨在提升测试场景应用范围，降低场景采集成本，针对场景技术的发展进行专业化分工和协同推进。另外，对自动驾驶场景库数据在不远将来的可交换与商品化，也具有重要意义。

同时，自动驾驶测试场景技术多基于场景库构建的方法，因此在技术、标准化等方面也存在诸多问题和挑战。解决这些问题，将极大促进自动驾驶测试场景技术的发展和进步，进而推进自动驾驶技术快速发展。

本章参编人员

邓湘鸿　胡金玲　于峰　罗先银　王宝宗　雷毅志　刘佳伟　徐月云　马良

参考文献

［1］ 范志翔，孙巍，潘汉中，等 . 自动驾驶汽车测试技术发展现状与思考 [J]. 中国标准化，2017（20）：47-48+55.

［2］ FEDERAL MINISTRY for ECONOMIC AFFAIRS and ENERGY. Scenario description and knowledge-Based scenario generation. ［DB/OL］. ［2019.5.18］.https：//www. pegasusprojekt. de/en/information-material.

［3］ THORN E，KIMMEL S C,CHAKA M，et al.A.framework for automated driving system testable cases and scenarios ［R］.United States，Department of Transportation，National Highway Traffic Safety Administration,2018，9.

［4］ 全国汽车标准技术委员会 . 智能网联汽车自动驾驶功能测试规程（试行）［DB/OL］. ［2018.8.3］［2019.6.2］. http：//www.miit.gov.cn/n1146285/n1146352/n3054355/n3057585/n3057589/c6290219/content.html.

［5］ 中国汽车工程研究院 . 典型场景［DB/OL］.（2018.5.30）［2019.6.2］.http：//www. i-vista.org/Content/index/id/289.html.

第3章 自动驾驶测试场景分类与要素

随着自动驾驶功能的发展，传统单一节点的 ADAS 功能测试方法已不能满足复杂且多节点的自动驾驶功能的测试，传统的测试手段和测试工具都不能满足自动驾驶汽车的测试需求。目前各个国家尚未形成验证自动驾驶功能的统一标准，但基于道路测试里程的验证手段已被证明在经济型、时效性方面存在不可弥补的缺陷，基于场景的测试手段得到了企业及高校的一致认可。场景具有极其复杂、无限丰富、不可预知的特点，如何对场景进行统一定义并将场景要素按照特定的标准进行分类，是基于场景的自动驾驶测试的第一步。明确统一的场景定义和场景要素，对形成基于场景的测试验证标准是十分必要的。目前存在多种场景的分类标准和场景要素的归类方法，各分类方法均存在一定的合理性。本章将对这些不同的场景分类标准进行总结，并列举其中一种典型的场景要素的分类方式，分析其要素的分类的内在机理，为其他要素分类方式提供参照。

3.1 测试场景分类

自动驾驶测试场景是支撑自动驾驶汽车测试评价技术的核心要素与关键技

术，通过场景的解构与重构对自动驾驶汽车进行封闭场地测试和虚拟测试已成为业内较为公认的测试手段。选择合适的场景分类方法进而明确场景要素是进行基于场景的自动驾驶汽车测试的第一步，但场景具有无限丰富、极其复杂、不可预测、不可穷尽等特点，难以采用统一的标准对其进行分类。本节将从多个维度分析测试场景分类方法，建立多种测试场景分类体系。

3.1.1 按测试场景来源分类

对自动驾驶汽车进行基于场景的各项测试时，构建场景的数据来源非常广泛，通过对数据来源进行分类，可将场景概括为四类：自然驾驶场景、危险工况场景、标准法规测试场景和参数重组测试场景。自然驾驶场景为测试场景构建中的充分测试场景，危险工况场景为场景构建中的必要测试场景，标准法规测试场景为场景构建中的基础测试场景，参数重组测试场景为场景构建中的补充测试场景。

1. 自然驾驶场景

自然驾驶场景是来源于汽车真实的自然驾驶状态的场景，是构建自动驾驶测试场景中最基础的数据来源，也是证明自动驾驶有效性的一种最充分的测试场景。

自然驾驶场景可以包含自动驾驶汽车所处的人 - 车 - 环境 - 任务等全方位信息，能够很好地体现测试的随机性、复杂性及典型性区域特点。可通过安装在车辆上的多种传感器，例如行车记录仪、摄像头、毫米波雷达、激光雷达、惯导、本车 CAN 总线等，采集车辆数据、驾驶人行为、道路环境等多维度信息，分析真实的交通环境和驾驶行为特征，从而构建自然驾驶场景数据库。

目前国内外已有多个项目对自然驾驶场景数据进行收集与处理。Waymo 项目是最早开展的大型自然驾驶场景数据收集项目。截至 2018 年，Waymo 项目在美国四个州，20 多个城市进行了自动驾驶道路测试，积累了超过 350 万 mile（563 万 km）的自动驾驶里程数据。中国汽车技术研究中心有限公司（天津）数据资源中心在 2015 年开始中国智能网联汽车驾驶场景数据库研究及应用工作，通过多辆搭载基于视觉和多传感器融合方案的采集平台车型，已采集超过 32 万km 自然驾驶里程数据，并开发了完整的工具链，实现传感器的标定、数据同步采集和存储，深入挖掘了自然驾驶场景采集过程中的采集参数和精度要求。"昆仑计划：中国全息自动驾驶场景库建设"通过安装在车辆上的数据采集系统，使用视频和录音设备全时监测和记录驾驶过程，一方面构建一条从场地道路到开发测试的仿真工具链，另一方面构建自动驾驶测试场景的测试场景库。百度 Apollo 打造的 ADS 库，完整覆盖了 APC 设计的三大场景，并且包含光照、季节、时间段、天气、全国各种区域和地形、障碍物类型、路面状况、隧道、分流合流等各种常见和极端的驾驶状况数据；在高速/城市快速路方面，已采集了上百种环境下的全国每一公里的高速公路和环路场景；在停车场泊车方面，已经收集了室内外数万个停车场的环境和车位信息；在城市拥堵跟车方面，采集里程已经达上亿公里。

2. 危险工况场景

自然驾驶场景覆盖大量的安全驾驶场景。美国 2013 年的汽车总里程为 2.99×10^{12} mile（4.8×10^{12} km），共发生大约 570 万起机动车碰撞事故和 30057 起致命车祸。这意味着自然行驶 53 万 mile（85 万 km）才会遭遇一个碰撞事故，而记录一个致命车祸则需要平均行驶 9900 万 mile。由于事故发生的概率极低，所以使用自然驾驶场景对自动驾驶进行测试需要大量的测试车辆、测试时间和测试预算，远远不能满足自动驾驶汽车的测试需求。危险工况驾驶是验证自动驾驶有效性的一种必要的测试场景，自动驾驶汽车在各种恶劣的环境（包括恶劣的天气情况和复杂的道路交通）下进行操作，避免交通事故的发生。

危险工况场景是自动驾驶汽车测试过程中进行自动驾驶控制策略验证的关键部分，测试自动驾驶汽车在危险情况下的避撞能力是整个自动驾驶安全测试的核心，目前自动驾驶功能所进行的矩阵测试方法都是基于危险工况场景进行的。

多项研究都对行驶时所遇到的危险场景进行了聚类分析：

1）同济大学将切入型危险工况分为 6 类，并以此建立了 4 种符合中国交通状况的切入型危险工况下自动紧急制动系统测试场景。

2）Kusano 等人基于 NHTSA 的 GES 交通数据库，分析提炼了单车事故场景和多车事故场景，单车事故场景包括车道偏离、失控、动物、行人骑车人、道路障碍物和其他，多车场景事故包括追尾、迎面相撞、侧面剐蹭、二次碰撞、与静止车辆碰撞、交叉路口侧碰、与失效车辆碰撞、逆向行驶碰撞、掉头碰撞、失效后发生碰撞、转向到对面来车车道和倒车碰撞。

3）欧盟 ASSESS 项目通过对 GIDAS、STATS19、OTS 等事故数据进行深度分析，结合不同类型的事故比例及对乘客造成的伤害程度，对追尾事故、十字路口事故、迎面碰撞事故、前方车辆切入等典型的危险场景进行了提取，并通过统计分析得到各种场景中本车和目标车辆的速度信息。

4）vFSS、AEB Group、ADAC 等机构都利用 GIDAS 等深度数据库数据对典型的事故类型尤其是追尾事故的典型危险场景进行了分析，所得到的测试场景构成了 Euro NCAP 中自动紧急制动功能测试场景的基础。

3. 标准法规测试场景

标准法规测试场景是验证自动驾驶有效性的一种基础测试场景，其通过现有的标准、评价规程等构建测试场景。ISO、NHTSA、ENCAP、CNCAP 等测试法规对现有的多种自动驾驶功能进行了测试规定，对场景中本车及他车的位置、速度、加速度，道路信息及周围环境信息等都提出了明确的要求，能有效地贯通标准场景的自动化测试流程。现有的标准法规测试场景中，针对的自动驾驶测试功能有 ACC（Adaptive Cruise Control，自适应巡航）、FCW（Forward Collision Warning，前方碰撞预警）、BSD（Blind spot vehicle Discern System，盲区监测系统）、LKA（Lane Keeping Assistance，车道保持辅助）、LDW（Lane Departure Warning，车道偏离预警）、AEB（Autonomous Emergency Braking 自动紧急制动）。这些现有的针对低级自动驾驶功能的法规可以为自动驾驶法规测试场景提供一定的参考。以 AEB 功能为例，Euro-NCAP 将对 AEB 功能的测试分为 AEB-City、AEB Inter Urban 和 AEB Pedestrian，其中 AEB Inter Urban 的具体测试场景见表 3-1。

表 3-1　AEB Inter Urban 具体测试场景

测试项目	CCRs	CCRm	CCRb
测试场景描述	后方接近静止的前车	后车接近缓慢运动的前车	后车接近制动的前车
测试场景图例	EVT 10～50km/h　静止	EVT 30～80km/h　20km/h	12m&40m EVT 50km/h　50km/h,−2m/s² 或 −6m/s²
时速要求	测试车辆：10～50km/h 前车：0km/h	测试车辆：30～80km/h 前车：20km/h	测试车辆：50km/h 前车：50km/h −2m/s² 或 −6m/s²

2018 年 4 月，我国工业和信息化部、公安部、交通运输部联合发布《智能网联汽车道路测试管理规范（试行）》。该规范对智能网联汽车道路测试申请、审核、管理以及测试主体、测试驾驶人和测试车辆要求等进行了规范。该规程涉及 14 个方面，34 个测试场景的测试内容，包括交通标志和标线的识别及响应、交通信号灯的识别及响应、前方车辆行驶状态识别及响应、障碍物识别及响应、行人和非机动车识别及避让、跟车行驶、靠路边停车、超车、并道、交叉路口通行、自动紧急制动、人工操作接管及联网通信。其中交通标志和标线的识别及响应测试示意图如图 3-1 所示。

4. 参数重组测试场景

由于场景具有无限、复杂的特点，所收集的驾驶信息永远不能涵盖所有的驾驶情况，此时就需要采用参数重组的方式构建驾驶场景。参数重组场景具有无限性、扩展性、批量化、自动化的特点，通过对静态要素、动态要素以及驾驶人行

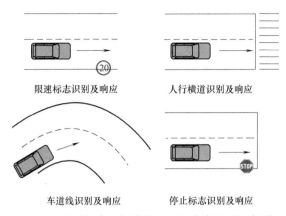

限速标志识别及响应　　　　　人行横道识别及响应

车道线识别及响应　　　　　停止标志识别及响应

图 3-1　交通标志和标线的识别及响应测试示意图

为要素的不同排列组合及遍历取值，可以扩展参数重组场景的边界，使虚拟场景的个数呈比例式增长。

参数重组测试场景旨在将仿真场景中的各种要素进行参数化设置，完成仿真场景的随机生成或自动重组，进而补充大量未知工况的测试场景，有效覆盖自动驾驶功能测试盲区。参数重组的仿真场景可以是法规场景、自然场景和危险场景。通过不同交通要素的参数设置可以重组法规场景；使用参数随机生成算法可以重组自然场景；针对危险场景的重组，通过自动化测试寻找边缘场景，计算边缘场景的参数权重，扩大权重高的危险因子参数范围，可实现更多危险仿真测试场景的自动化生成。

3.1.2　按测试场景抽象程度分类

产品在开发过程需经历三个阶段：概念阶段、系统开发阶段和测试阶段。随着产品开发阶段的逐步进行，产品的定义逐渐明确，产品安全性指标的取值范围越来越小，测试场景的抽象程度不断降低。通过比较这三个阶段的不同场景的抽象程度，可将场景分类为功能场景、逻辑场景和具体场景。三个场景的抽象等级和场景数量的关系如图 3-2 所示。

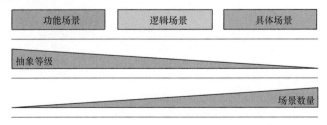

图 3-2　不同场景之间的抽象等级和场景数量

1. 功能场景

功能场景是语义级别的操作场景，通过语言场景符号来描述实体和实体之间的关系，用于概念阶段的项目定义、危害分析和风险评估。功能场景的表达形式应该是一致的，用来描述场景的词汇应该是定义好的专用术语，其来源于现用的标准和法规，场景的细节内容取决于实际的开发阶段。例如，在高速公路行驶时的功能场景需要描述道路的几何结构和拓扑结构、与其他交通参与者的交互以及天气状况等，而在地下停车场行驶则只需描述建筑物的布局，而此时天气条件则不需要进行详细的描述。

2. 逻辑场景

逻辑场景通过状态空间描述两个实体之间的关系，是对功能场景的进一步描述，可以用于在项目开发阶段生成需求。逻辑场景通过状态空间来描述实体和实体之间的关系，因此需要对状态空间的参数范围进行确定，此时一般采用概率分布的方式，通过收集到的信息来确定状态空间的参数范围，不同参数之间的关系可以通过一定的公式或算法来确定。逻辑场景中包括解决问题的所有需求要素。

3. 具体场景

具体场景通过在逻辑场景中的状态空间选择确定的参数值，使用具体的数值

图 3-3　功能场景、逻辑场景和具体场景对于跟车的定义

来表示实体和实体之间的关系。由于逻辑场景的状态空间中的参数是连续的，因此可以通过选择离散的具体参数值来生成任意数量的具体场景。为保证生成具体场景的效率，应选择有代表性的离散值进行组合，生成的具体场景可以作为测试用例的基础。在功能场景、逻辑场景和具体场景中，只有具体场景可以用来生成测试用例。功能场景、逻辑场景和具体场景对于跟车的定义如图3-3所示。

3.1.3 按驾驶任务过程场景分类

根据车辆在整个行驶过程中所需要完成的不同驾驶任务，同济大学基于任务粒度将整个驾驶过程分为行车过程、片段、簇和旅程。在这四种场景类型中，行车过程是驾驶任务的基本单位，通过行车过程的组合可以形成场景片段，并由场景片段进一步组合形成场景簇，最终组成整个行驶旅程。

1. 行车过程场景

行车过程是整个层次中的最小单位，只完成一个驾驶任务。行车过程可以分为停车过程、长途驾驶过程、中途驾驶过程和短途驾驶过程。

1）停车过程包括车辆到达（到达目的位置）、车辆起步（起动车辆离开停车位置）和停车避险（为了避险停车）。

2）长途驾驶过程为车辆在车道线内巡航行驶，此时的主要目的是舒适和节油。

3）中途驾驶过程包括指令传输过程和区域通过过程。在指令传输过程中，驾驶人做出指令，包括换道、超车、掉头；区域通过过程为通过高复杂性区域，比如交叉路口、坡道收费站，由于复杂的驾驶环境、交通规则和道路权利，中途驾驶过程比长途驾驶过程更困难。

4）短途驾驶过程是车辆为了躲避风险而进行的驾驶过程。

行车过程的具体组成如图3-4所示。

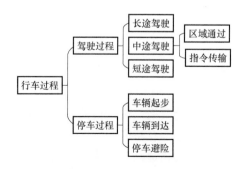

图3-4 行车过程组成

2. 场景片段

片段是一种层级高于行车过程的场景结构，它由两段长途驾驶过程和这两段长途驾驶过程中的一个短途驾驶过程或者中途驾驶过程组成。片段是为了明确驾驶过程所提出的一个基础场景。根据片段的定义，由于行驶任务的复杂性和自动驾驶的目的性，可以对两段长途驾驶过程中的那部分短途驾驶过程或者中途驾驶过程进行重点研究。

3. 场景簇

簇是由车辆在同一种道路上进行的一系列片段场景所组成的场景，根据道路情况的不同，簇可以分为封闭道路场景、开放道路场景和园区道路场景。封闭道路场景指高速公路等行人或者非机动车不能进入的道路路段；开放道路场景指行人、非机动车和车辆同时存在的场景，此时行人及非机动车辆可能会对车辆的驾驶行为进行一定的干扰；园区道路场景指住宅区、制造区或其他具备一定范围的道路，例如校园内部、地下停车场、加油站等位置。

4. 旅程场景

旅程指车辆从初始起步位置到最终停车位置的整个过程，由一系列的簇组成，旅程可能因为交通事故或者车辆故障而提前结束。旅程的组成如图 3-5 所示。各个任务场景之间的转换过程及转换条件如图 3-6 所示。

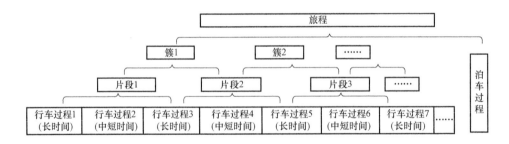

图 3-5　旅程的组成

3.1.4　按路面类型分类

道路是组成场景中最基础的要素，进行自动驾驶测试时车辆一定是在道路上行驶的，因而根据道路的不同类型及特征，可以对测试场景进行相应的分类。道路可以分为结构化道路和非结构化道路，车辆在结构化道路上行驶的场景即构成结构化道路场景，在非结构化道路上行驶的场景即构成非结构化道路场景。

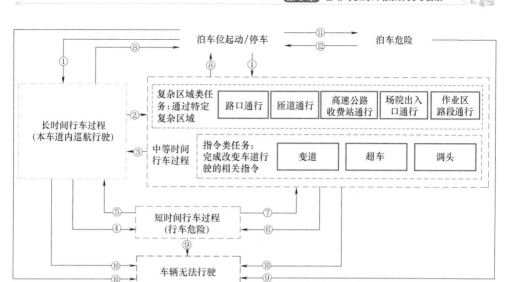

①离开停车区域②进入特定区域/发出任务指令③通过特定区域/完成任务指令④行车危险出现
⑤行车危险解除⑥行车危险出现,中等时间行车过程任务暂停⑦行车危险解除,继续执行先前中等
时间行车过程任务或新任务⑧发现泊车位⑨发生交通事故⑩发生交通事故⑪泊车危险出现⑫泊车任
务解除

图3-6　任务场景转换

1. 结构化道路场景

结构化道路指的是边缘规则、路面平坦、有明显的车道线及其他人工标记的
行车道路,包括高速公路、城市干道、行政等级较高的公路等。这类道路具有清
晰的道路标志线,道路的背景环境比较单一,道路的几何特征也比较明显,同时
颜色和行驶也比较统一。因此,在结构化道路行驶的场景,自动驾驶汽车针对场
景的检测可以简化为车道线或道路边界的检测。典型的结构化道路场景如图3-7
所示。

图3-7　结构化道路场景

高速公路一般应符合下列 4 个条件：

1）只供汽车高速行驶。

2）设有多车道、中央分隔带，将往返交通完全隔开。

3）设有立体交叉口。

4）全线封闭，出入口控制，只准汽车在规定的一些立体交叉口进出公路。

高速公路在郊外大多为 4 个或 6 个车道，在城市和市郊大多为 6 个或 8 个，甚至更多。路面线多采用磨光值高的坚质材料（如改良沥青），以减少路表液面飘滑和涉水现象。

城市道路是指在城市范围内具有一定技术条件和设施的道路。根据道路在城市道路系统中的地位、作用、交通功能以及对沿线建筑物的服务功能，我国目前将城市道路分为四类：快速路、主干路、次干路及支路。快速路是为流畅地处理城市大量交通而建筑的道路，有平顺的线型，与一般道路分开，保障汽车交通安全、通畅和舒适，同时与交通量大的干路相交时采用立体交叉，与交通量小的支路相交时采用平面交叉，具备控制交通的措施。两侧有非机动车时，设完整的分隔带。横过车行道时，经由控制的交叉路口或地道、天桥。主干路连接城市各主要部分的交通干路，是城市道路的骨架，主要功能是交通运输。主干路上的交通保证一定的行车速度，根据交通量的大小设置相应宽度的车行道，以供车辆通畅地行驶。线型顺捷，交叉口尽可能少，从而减少相交道路上车辆进出的干扰，平面交叉有控制交通的措施，同时机动车道与非机动车道用隔离带分开。在交通量大的主干路上，快速机动车如小客车等与速度较慢的卡车、公共汽车等分道行驶。主干路两侧有适当宽度的人行道。严格控制行人横穿主干路。次干路是一个区域内的主要道路，是兼有服务功能的一般交通道路，配合主干路共同组成干路网，起广泛联系城市各部分与集散交通的作用，一般情况下，快慢车混合行驶。道路两侧设人行道，并可设置吸引人流的公共建筑物。支路是次干路与居住区的联络线，为地区交通服务，也起到集散交通的作用，两旁有人行道，也可能有商业性建筑。

结构化道路场景还包括结构等级较高的公路，主要为国家公路和省公路。其中国家公路是指具有全国性政治、经济意义的主要干线公路，包括重要的国际公路，国防公路，连接首都与各省、自治区、直辖市首府的公路，连接各大经济中心、港站枢纽、商品生产基地和战略要地的公路。省公路是指具有全省（自治区、直辖市）政治、经济意义，并由省（自治区、直辖市）公路主管部门负责修建、养护和管理的公路干线。

2. 非结构化道路驾驶场景

非结构化道路一般是指城市非主干道、乡村街道等结构化程度较低的道路，这类道路没有车道线和清晰的道路边界，同时可能受到阴影和水迹等的影响，道路区域和非道路区域难以区分。由于多变的道路类型，复杂的环境背景以及阴影、水迹和变化的天气等影响，自动驾驶车辆在行驶过程中对非结构化道路进行检测面临巨大的困难，在非结构化道路场景进行正确的路径规划也会面临巨大的挑战。常见的非结构化道路场景如图 3-8 所示。

图 3-8 非结构化道路场景

与结构化道路相对应，非结构化道路场景主要包括厂矿道路场景、林区道路场景、乡村道路场景和停车场等。

厂矿道路主要为工厂、矿山运输车辆通行的道路，通常分为厂内道路、厂外道路和露天矿山道路。厂外道路为厂矿企业与国家公路、城市道路、车站、港口相衔接的道路或是连接厂矿企业分散的车间、居住区之间的道路。厂矿道路按 1987 年国家计委颁布、交通部修订的 GB J22—1987（《厂矿道路设计规范》）规定设计。

林区道路指修建在林区的主要供各种林业运输工具通行的道路。由于林区道路的位置、交通性质及功能不同，林区道路的技术要求应按专门制订的林区道路工程技术标准执行。

乡村道路指修建在乡村、农场，主要供行人及各种农业运输工具通行的道路，由县统一规划。由于乡村道路主要为农业生产服务，一般不列入国家公路等级标准，但是也在其道路分类中。

依据目前的自动驾驶系统的发展状态，最先有希望实现的自动驾驶区域就是停车场区域。然而由于停车场性质的特殊性，其同时包括结构化道路场景和非结构化道路场景两部分。对于地下停车场、车库等固定位置的停车场来说，其在规划时一般确定停车位置、车位形状等要素，自动驾驶汽车可以根据停车场的位置信息、出入口信息、车位信息等找到停车场的正确位置并进入停车场入口，找到合适的车位进行停车。这种位置固定、信息明确的停车场场景就属于结构化道路场景。然而，在节假日或者大型集会或演出节目时，可能会出现供大量车辆使用的临时性停车场，这一类停车场位置不固定，没有明确的车位线信息，并且车流量巨大，场景信息非常复杂，不能通过车位信息的简单识别实现自动停车的功能，这一类临时性质的停车场便属于非结构化道路场景。

3.1.5　按场景复杂度分类

Adaptive 项目根据进行驾驶任务时的场景复杂度，将场景具体细分为低速小范围场景、城市道路场景和高速公路场景，而其他一些细分场景，例如城乡道路场景、矿区场景等，Adaptive 项目尚未考虑在内。

1. 低速小范围场景

低速小范围场景主要是指自动驾驶汽车进入小范围区域并且进行重复轨迹的场景，速度阈值为 30km/h。在某些应用驾驶功能下，驾驶速度在 5km/h 甚至更低的范围。低速小范围应用场景多与自动驾驶泊车功能相联系，此时驾驶人可以处于车辆之中，也可位于自动驾驶汽车之外，需要同时对自动驾驶车辆的横向和纵向驾驶行为进行检测。低速小范围场景还包括拖车场景，此时自动驾驶汽车需要准确识别前方不同几何类型的拖拽车辆，并且需要识别不同类型的挂节点，此时车辆在前车的牵引下速度较低，并且需要驾驶人的检测。

低速小范围场景的典型特征是速度较低，并且运动方向可以进行很大的改变，周围存在行人和其他机动车，并且行人和机动车的驾驶行为不能进行很好的确认。低速小范围场景的另一个典型特征是自动驾驶汽车靠近其他物体（墙壁、其他车辆等）进行行驶，传感器的感应距离接近它们的识别距离阈值，一般达到 10～30cm。该场景主要测试的自动驾驶功能包括自动泊车辅助（Level2）、远距离泊车辅助（Level2）和全自动泊车（Level3 及以上）。

低速小范围对于自动驾驶汽车的开发主要存在三方面的挑战：

1）低速范围内传感器的算法和感知问题，如何提高传感器的感知频率和灵敏度，在近距离的范围内可靠地检测其他物体和自由空间。

2）路径轨迹的学习和训练，学习过典型环境下行驶的车辆要求能够在类似的环境中进行驾驶。

3）汽车的速度控制，在车辆与周围环境距离很小的情况下，系统之间的时间延迟可能导致车辆与周围环境之间的碰撞。

2. 城市道路场景

城市道路场景是自动驾驶汽车在城市道路内行驶的场景，此时具有较清晰的车道线及明确的交通指示标志，并且周围存在行人和其他交通参与者的车辆干扰，城市交通场景的行驶速度范围一般在 10～60km/h，并且存在自动驾驶汽车

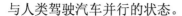

与人类驾驶汽车并行的状态。

相比低速小范围场景，城市道路场景的复杂性和动态程度都更高，并且交通密集，存在多种类型的道路使用者（两轮车、轮椅、动物等）或静态障碍物（垃圾桶、塑料袋、树枝等），驾驶任务也会包括在环岛、交叉口处的复杂交通行为。同时，城市道路场景还可能与公共交通系统产生相互影响，例如公交汽车、有轨电车等。因此，城市道路场景要求更高，对自动驾驶系统提出了新的挑战。

城市道路场景可以测试的自动驾驶功能包括巡航控制（Level1）、横向和纵向联合控制（Level2）和自动驾驶（Level3 及以上）。在进行巡航控制功能测试时，需要有明确的道路线；在进行横向和纵向联合控制功能的测试时，还需要有明确的道路指示标志，尤其是在交叉口和环岛的位置；在进行自动驾驶功能的测试时，还可能需要 V2X 系统的支持。

3. 高速公路场景

高速公路场景主要包括车道、道路标志、护栏、标记等基础设施，同时交通流量可以实现自由流动到交通拥堵的广泛变化。场景内的车辆最高时速可达130km/h，驾驶任务主要包括长途运输和快速运输。针对以上特征，测试的自动驾驶功能包括：跟随车道的巡航控制以及在拥堵条件下的跟车行驶、自动换道和超车能力、最小风险操作（将车辆停止在应急车道上）、使用车载传感器和数字地图在高速公路出入口处的自动驾驶能力。

3.1.6 按场景应用方式分类

目前自动驾驶汽车的测试方法主要包括模拟测试、封闭试验场测试和开放道路测试。根据这三种测试方法的测试需求及手段的差异，将场景按应用方式分为模拟测试场景、封闭试验场测试场景和开放道路场景。

1. 模拟测试场景

模拟测试场景主要用于软件在环测试、硬件在环测试和车辆在环测试。

基于模拟仿真技术的数字化与虚拟化场景构建方法能够解决传统汽车技术研发测试所面临的行驶环境复杂难预测、难复制、试验危险等难题，基于数字虚拟的模拟场景主要包含车辆动力学模型、三维静态虚拟场景、动态交通虚拟场景和车载环境传感模型、智能驾驶系统五个部分，整体结构如图 3-9 所示，并支持在高效、高精度的数字仿真环境下汽车动力学性能、汽车电控系统、智能驾驶功能、主动安全、环境传感与感知等技术和产品的研发、测试和验证。

数字虚拟场景仿真平台本着精确物理建模和高效数值仿真兼顾的原则，利用先进的虚拟现实技术逼真地建造及模拟汽车驾驶的各种环境和工况场景，包括对实时交通路况、道路纹理、车道线、交通标志与设施、气象等汽车行驶环境场景

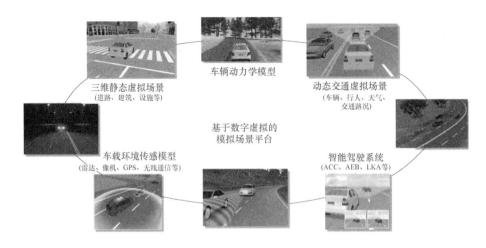

图 3-9　基于数字虚拟的模拟测试场景平台

的建模与编辑。3D 数字虚拟场景构建组成如图 3-10 所示。

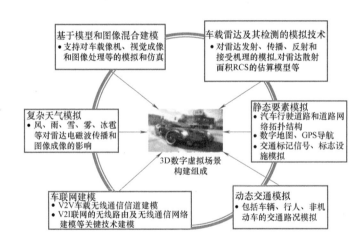

图 3-10　3D 数字虚拟测试场景构建组成

2. 封闭试验场测试场景

封闭试验场测试场景是进行智能网联汽车实车实验的真实场景，在封闭的环境下进行，并使用假人假车代替真实环境中的行人和其他交通参与者。在封闭试验场测试场景下，自动驾驶汽车决策压力较小，很少遇到极端情况，一旦测试车辆出现自身问题，可以及时在路边停下，不会影响交通，可广泛用于智能驾驶技术的研发、测试与评价要求。其组成结构如图 3-11 所示，包括主要的场景类型、场景关键要素、通信定位设备、多样道路和遥控移动平台等。

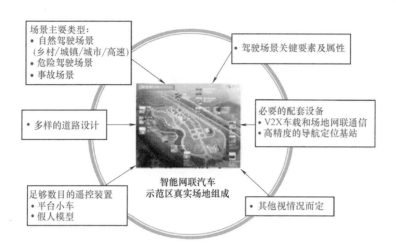

场景主要类型:
• 自然驾驶场景
  (乡村/城镇/城市/高速)
• 危险驾驶场景
• 事故场景

驾驶场景关键要素及属性

• 多样的道路设计

必要的配套设备
• V2X车载和场地网联通信
• 高精度的导航定位基站

智能网联汽车
示范区真实场地组成

足够数目的遥控装置
• 平台小车
• 假人模型

• 其他视情况而定

图 3-11　封闭试验场测试场景组成

目前可参考的智能汽车测试场,有瑞典的 AstaZero、英国的 Mira、西班牙的 IDIADA、密歇根大学的 MCity、加州旧金山湾区的 Gomentum。同时日本在建 JARI 智能车测试场,韩国在建 K-City 智能驾驶测试场。我国也于 2015 年开始在上海、重庆等地建设面向智能驾驶和智能网联汽车的综合技术研发与测试场地。

3. 开放道路测试场景

开放道路测试场景是自动驾驶汽车进行安全测试的最终项目,是在开放道路上行驶的交通场景,受到较多其他因素的干扰,同时在开放道路中车辆不会预存储地区地图以及目的地信息。因此开放条件的场景行驶目的多样,行驶环境复杂,路径信息不足,极大考验着自动驾驶车辆的行驶能力。在开放道路测试时需要充分考虑对周围环境的影响,以免对周围其他交通参与者造成伤害。开放道路测试对自动驾驶系统的数据更新、技术改进、安全评价等方面具有重要作用,其组成结构如图 3-12 所示,主要包括多样的测试区域、足够数量的测试车辆、充分的测试时间、必要的配套设备等。

谷歌的 waymo 很早就进行了自动驾驶车辆的开放道路测试,目前已经累计进行了超过 350 万 km 的开放道路测试数据,对软件系统及硬件系统的测试更新具有重要意义。我国也在加速推进自动驾驶上路测试,例如我国先后发布的《北京市自动驾驶车辆道路测试管理实施细则(试行)》《上海市智能网联汽车道路测试管理办法(试行)》等,允许我国自动驾驶汽车在特定区域进行开放道路场景测试。

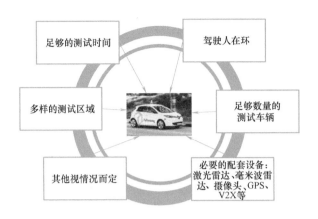

图 3-12　开放道路测试场景组成

3.1.7　按测试场景要素特征分类

一个完整的场景由多种要素组成，例如道路要素、车辆要素、环境要素和天气要素等。这些场景要素按照其是否随时间推移而发生改变可以分为动态要素和稳态要素。稳态要素与稳态要素组合可以形成稳态场景，稳态要素与动态要素组合则可以构成动态场景。

1. 稳态场景

稳态场景是指场景中场景要素的特性不会随着时间的推移而发生改变，例如障碍物的形状、位置、车辆的速度等呈现一种稳定的状态。该类场景内的场景要素属性一旦被自动驾驶系统的传感器系统确定，该属性信息就可作为确定的状态信息用于自动驾驶系统行驶策略的制定。相比于动态场景，稳态场景对自动驾驶汽车的计算要求更低，只需确定正确的行驶轨迹，一般不会有危险的突发事件产生。

稳态场景中不同的场景要素，对于自动驾驶系统的意义和要求也会存在差异。稳定的道路信息便于自动驾驶系统设置合适的行驶路线，节约能源，避免拥堵；交通标志对自动驾驶系统行驶速度和加速度加以限制，同时告知自动驾驶系统必要的交通信息，例如转弯、下坡等，以帮助自动驾驶系统及早做出行驶决定；稳定的速度信息可以帮助自动驾驶汽车确定安全状态，避免碰撞风险的发生。

2. 动态场景

动态场景是包括了自动驾驶系统行驶过程中动态要素的行驶场景。此时测试场景不仅包含道路、路侧信息等不会随时间改变的稳态要素，还包括了随着时间的推移不断发生状态改变的动态要素，主要包括其他交通参与者的变速信息、可变交通标志的变化以及天气状态的变化等。对于动态场景的信息，自动驾驶系统需要一直监测其运动状态，并基于这些动态要素的状态改变随时调整自身的运动状态，从而做出合理的行驶轨迹。

动态场景中不仅包含正在移动的要素，还包含当前处于静止状态但下一时刻可能发生运动的场景要素，例如正在驻足的行人、路边未熄火的车辆、当前的信号等状态。这些场景要素虽然在当前时刻以及之前一段时间都处于相对静止的状态，但是很有可能下一刻就被打破并进行运动。如何根据上述要素特征，根据之前的运动状态去预估这些场景要素接下来的运动状态，对于自动驾驶系统的决策非常重要。若不能及时预测这些场景下一刻的运动状态，则很有可能发生决策上的失误，进而产生事故。例如街边正在静止玩手机的行人，他在未注意周围交通环境的情况下，很有可能突然抬脚向前运动。若自动驾驶系统在之前将其判断为静止的障碍物并认为其没有碰撞可能，则很有可能导致碰撞。若自动驾驶系统可以及时判断出其可能的运动状态，并及早减速，则当该行人运动状态发生改变时也可以及时进行制动处理，从而避免危险的发生。

3.1.8 按测试场景应用层级分类

自动驾驶系统的安全性可以被不同等级的汽车要素所影响。为了测试不同等级的汽车要素，可以将测试场景按汽车要素测试时的不同特性进行分类，这种基于汽车要素等级测试的场景分类方式称为测试场景的应用层级分类。典型的自动驾驶汽车要素如图3-13所示。从微观到宏观程度分别为：元件级、组件级、系统级、整车级、生态级。

1）元件级主要为自动驾驶汽车工作器件的基本组成元件，例如摄像头的镜头、感光元件等。

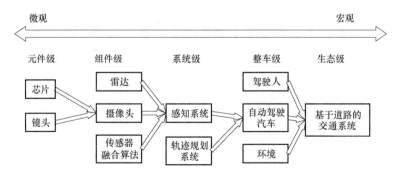

图3-13 典型的自动驾驶汽车要素

2）组件级主要为自动驾驶汽车的基本工作组件，例如雷达、摄像头、传感器融合算法等。

3）系统级是整个自动驾驶系统的子系统，主要包括感知系统、轨迹规划系统等。

4）整车级主要为整车级的状态属性，包括驾驶人、自动驾驶汽车以及环境。

5）生态级为基于道路的交通运输系统。

对于元件级的汽车要素来说，该等级主要为各个器件的供应商进行测试；而对于生态级来说，由于目前自动驾驶汽车并未大规模上路测试，不能使生态级产生明显的变化。同时，最为关注生态级要素的并不是车企，而是路政部门。因此，自动驾驶汽车的安全性重点在于组件级、系统级和整车级的场景测试。

1. 组件级测试场景

与自动驾驶密切相关的组件主要有激光雷达、毫米波雷达、摄像头、V2X设备、传感器融合算法等。不同的组件，使用时的侧重点也不同，相对应的测试场景也存在差异。对于不同的汽车组件，需要针对其特点及功能，分别设置其对应的测试场景。

激光雷达是用发射激光束探测目标的位置、速度等特征量的雷达系统。它用于自动驾驶汽车时，主要任务是探测周围环境，检测周围物体形状及距离。激光雷达工作时受天气和大气影响大，在晴朗的天气里衰减较小，传播距离较远，而在大雨、浓烟、浓雾等恶劣天气里，衰减急剧加大，传播距离大受影响。同时激光雷达对于反射光线的物体的探测存在一定的问题，例如玻璃建筑。测试场景对雷达传感识别的影响如图3-14所示。根据激光雷达的工作特点，可以设置如下

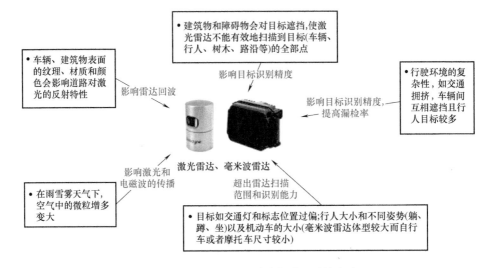

图3-14　测试场景对雷达传感识别的影响

情况的测试场景：快速地变换天气状态，在各种天气之间来回切换，检测激光雷达的可靠性；模拟玻璃建筑等障碍物，检测激光雷达能否正确地检测目标等。具体测试场景可以根据图3-14的影响因素进行相对应的改变，从而测试其稳定性和灵敏度。

毫米波雷达是工作在毫米波段探测的雷达，其在自动驾驶汽车上的作用是在一定的角度范围内检测前方障碍物及其速度。毫米波雷达穿透雾、烟、灰尘的能力强，具有全天候（大雨天除外）全天时的特点，同时其抗干扰能力也很强，测试场景对雷达的影响因素如图3-14所示。相较于激光雷达受天气影响大的特点，毫米波雷达的测试场景的重点应该放在其对前方目标的检测上，例如：在毫米波雷达工作的极限角度周围设置车辆以判断其检测能力；在毫米波雷达前方设置不同数量的障碍物数量以判断其检测误差；不断改变前方障碍物的速度以判断其检测精度等。

用于自动驾驶汽车的摄像头有单目摄像头和双目摄像头，其主要作用是使用视觉识别的方式检测障碍物种类及距离。测试场景对摄像头的具体影响如图3-15所示。不同于前文所述的激光雷达和毫米波雷达，摄像头的测试场景重点放在其对目标的正确识别的能力上。具体测试场景可以设置为：测试场景中应在摄像头的工作范围内设置不同种类的目标物，检测其识别不同目标物的能力；道路颠簸情况下摄像头工作的稳定性；不同光线强度下摄像头的工作性能，例如识别目标的准确性和漏检率。

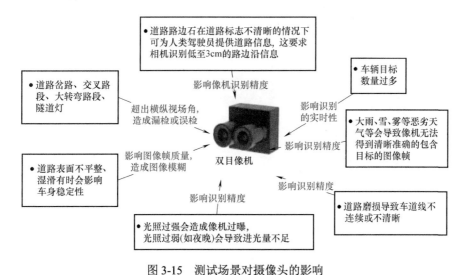

图3-15　测试场景对摄像头的影响

2. 系统级测试场景

自动驾驶系统主要包括传感感知系统、决策规划系统和控制执行系统。

传感感知系统主要可以分为环境传感系统、定位系统和通信系统。环境传感不包括自身状态的测量，主要分为雷达测距和相机视觉感知两类；定位系统主要依赖车载定位导航仪，能够准确定位当前位置和地理信息。场景对定位系统和通信系统的影响如图3-16和图3-17所示。根据影响因素的种类，相应改变测试场景内的要素参数，例如天气情况、电磁干扰、环境遮蔽情况等，检测指标主要包括错检率、漏检率、测量准确率、测量稳定性和可靠性。

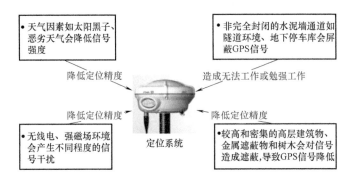

图 3-16　测试场景对定位系统的影响

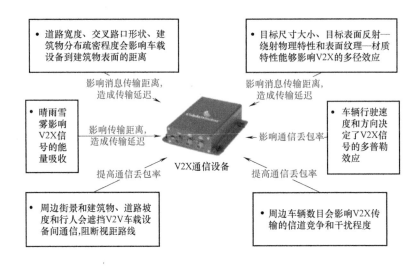

图 3-17　测试场景对 V2X 通信设备的影响

决策规划系统主要包括信息融合、任务规划、轨迹规划和异常处理四部分工作。信息融合部分主要依赖于处理器的计算，不直接受到外界环境信息的干扰和影响。任务规划和轨迹规划作为智能驾驶的核心部分，接收到传感感知融合信息，通过智能算法学习外界场景信息。外界交通环境的复杂度和驾驶人需求间接影响了具体任务分解和目标轨迹设计的复杂度。因为不会直接和环境接触，所以在驾驶过程中，任何干扰因素（车辆、行人、道路、交通标志甚至气象）都是借助信息传递影响规划任务的复杂程度，进而决定车辆的驾驶动作的。异常处理作为预留的安全保障机制，通过检测信号异常进而报警和容错控制。基于决策规划系统的特点，其测试场景应针对任务规划和轨迹规划两部分，重点关注如何影响其接收信息的过程，以及如何修正其驾驶过程中的驾驶任务。

控制执行部分主要跟踪决策规划的轨迹目标，控制车辆自身的执行器件包括驱动、制动、转向、照明、仪表盘部件的工作，具体调节车辆行驶速度和方向、车灯开闭、仪表盘显示等操作。控制执行部分是最直接影响车辆运行状态的系统，因此该部分对自动驾驶车辆的安全运行非常重要。不同测试场景对控制执行系统的影响如图3-18所示。因此针对控制执行部分的测试场景应该根据其影响特点，选择合适的测试项目，例如改变路面的不平度、路面的附着系数和侧向风等。

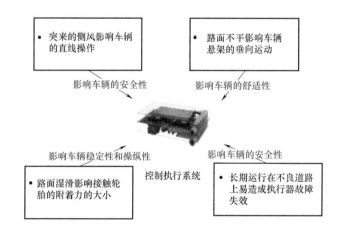

图3-18　测试场景对控制执行系统的影响

3. 整车级测试场景

整车级的测试场景主要包括自动驾驶汽车本身的测试以及驾驶人与自动驾驶汽车之间的人机交互能力测试。

对于自动驾驶汽车本身的测试，主要包括传统的车辆测试（碰撞测试、油耗测试、舒适性测试等）和自动驾驶能力测试。传统的车辆测试已经十分规范，并不属于自动驾驶汽车所独有的项目，因此这些项目不是自动驾驶汽车所研究的测试重点。对于自动驾驶汽车来说，其整车的测试主要是针对自动驾驶能力的测试。

自动驾驶能力主要包括自动巡航、主动制动、车道保持、主动转向、自动泊车等功能，因此测试场景应针对这些自动驾驶能力展开。如何保证自动驾驶功能的可靠性是测试场景研究的重点。当前很多法规都对这些自动驾驶功能进行了明确的定义，整车级的测试场景可以参考这些测试规范，并进一步针对新的自动驾驶功能进行设置。

除了自动驾驶汽车自身的能力，驾驶人对自动驾驶汽车的影响也十分重要，驾驶人驾驶行为可分为加速行为、减速行为和转向行为。驾驶人在行驶过程中将面临复杂的环境，现实环境中的道路、行人、气象、光照等环境因素对驾驶行为的影响显著，因此不同的驾驶场景会影响或决定汽车与驾驶人之间的对话方式和人机交互过程的状态，从而对自动驾驶过程产生明显影响。此时的测试场景应针对驾驶人在不同场景下的反应，从而判断自动驾驶汽车的人机交互功能定义是否正确，例如驾驶人的生理心理状态、是否有外界干扰等。

3.2　测试场景要素

由于尚未发布基于场景测试的法规要求，不同厂商采取了不同的验证策略来验证自动驾驶的安全性，这必然导致不同厂商在进行自动驾驶安全验证的过程中所建立的场景库存在个性化差异。因此，建立通用的场景库模型对自动驾驶的验证测试是非常必要的。由于场景具有不可预测、极其复杂、重复性差、无法穷举的特点，所以选择一个通用的、被业界认可的场景分类方式并对场景要素进行整合是建立场景库的关键。不同企业之间的场景要素分析方式各有不同，本文选择测试车辆、静态环境、动态环境、交通参与者和气象五个维度对场景要素进行整合。这种分类方式可以将所有自动驾驶可能需要的信息进行较好的囊括，并且子类层级较少，可以迅速地根据标签找到场景要素的具体位置，具有很强的通用性和使用效率。

3.2.1　测试车辆要素

测试车辆的要素信息主要包括测试车辆的重量、几何信息、性能信息、位置状态信息、运动状态信息和驾驶任务信息，具体内容如图3-19所示。

1）几何信息主要包括测试车辆的长、宽、高、重心位置等，反映车辆的空间信息。

2）性能信息主要包括最大车速、最大加速度、最大爬坡度、百公里油耗等，反映车辆的运动性能。

3）位置状态信息包括测试车辆的坐标信息以及在道路中的车道位置信息，

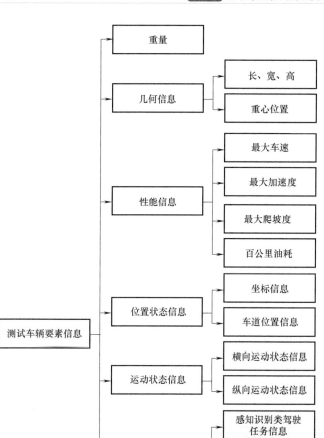

图 3-19 测试车辆要素信息

坐标信息反映了测试车辆的具体位置，在道路中的车道位置信息反映了测试车辆所在车道与道路中其他车道的具体位置关系。

4）运动状态信息包括加速、减速、直行、掉头、左转、右转、向左变道以及向右变道等，反映车辆当前的运动状态。

5）驾驶任务指的是完成车辆驾驶所需的感知、决策和操作，反映车辆在接下来一段时间内的驾驶目的，包括但不限于控制车辆横向运动、控制车辆纵向运动、目标和事件探测与响应、行驶规划、控制车辆照明及信号装置，涵盖交通标志和标线的识别及响应、交通信号灯识别及响应、前方车辆行驶状态识别及响应、障碍物识别及响应、行人和非机动车识别及避让、跟车行驶、靠路边停车、超车、并道、交叉路口通行、环形路口通行、自动紧急制动、人工操作接管和联网通信等。

自动驾驶汽车的驾驶任务与行驶过程中的目标区域息息相关。若不考虑自动驾驶汽车行驶过程中的驾驶任务，则车辆需要计算传感器所收集到的所有场景要素的信息，这对整个自动驾驶系统的决策规划系统是巨大的负担。如图3-20所示，若A自动驾驶车辆直接穿过十字路口，则A车辆旁边的自行车虽距离A车辆较近，但不会参与A车辆的驾驶过程，此时自行车的位置和运动信息就可被决策控制系统忽视，减少计算的复杂性；反之，当A车辆需要右转时，自行车则变成了自动驾驶系统决策控制所必须考虑的场景要素。

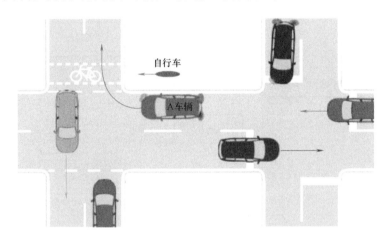

图3-20　驾驶任务对场景要素的影响

3.2.2　静态环境要素

静态环境要素是指其中无运动物体，且通过视觉可以感受到的区域场景，如道路类型、交通信号灯、交通设施、地理信息等。各种静态要素对智能网联汽车的关键技术提出了不同的要求，如障碍物可用于考核智能网联汽车障碍物检测技术水平，评价车辆的避障能力；道路标线可用于检测智能网联汽车的计算机视觉水平，评价车辆的车道检测及跟踪能力。

为了清晰描述道路交通场景静态要素的构成，定义元要素为道路交通场景静态要素中级别最小的个体，在某种程度上它是能够影响智能网联汽车智能行为的一种刺激实体，如警告标志和禁止标线等。静态要素类由元要素直接构成或由低一级不同的静态要素类直接构成，如道路和道路交通标志等。所有的元要素和要素类的集合构成了道路交通场景静态要素，某些元要素和要素类有机地组合在一起，便形成了某种具体的静态环境场景。

静态环境要素由道路、交通设施、周围景观和障碍物四个一级要素类构成。一级要素类还下分二级要素类、三级要素类或直接由元要素构成，如图 3-21 所示。

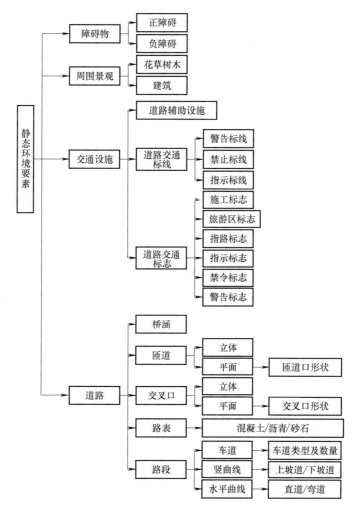

图 3-21　静态环境要素

道路是静态环境要素的核心，限制车辆的行驶及规范驾驶行为，包括道路类型、道路结构、曲率半径、坡度、摩擦系数、车道数、车道线类型以及道路限速区间等信息。其中，道路的车道数包括单行道、双向两车道、双向四车道、双向六车道以及双向八车道；车道线类型包括白色虚线、白色实线、白色虚实线、白色双实线、黄色虚线、黄色实线、黄色虚实线以及黄色双实线。

　　道路分为五个二级要素类：路段、路表、交叉口、匝道和桥涵。路段包括直道/弯道、上坡道/下坡道、机动车道类型及数目，其中车道类型可以进行表3-2所列的分类和编码；路表包括混凝土、沥青和砂石；交叉口和匝道包括平面信息和立体信息，交叉口和匝道的形态分别可以进行如表3-3和表3-4的分类和编码。其中，直接式匝道将右转车道设于右方；非直接式匝道将左转车道设于右方，设置环道衔接其他公路；半直接式匝道与非直接式匝道相似，但不用环道，改以路线较长、起伏较大的高架道路作为连接匝道；回转匝道是U形转向的匝道。

表 3-2　车道类型及其代码

车道类型	代　码
直行车道	SL（Straight Lane）
左转专用车道	LL（Left-turn Lane）
右转专用车道	RL（Right-turn Lane）
掉头专用车道	UL（U-turn Lane）
直行左转合用车道	SLL（Straight & Left-turn Lane）
直行右转合用车道	SRL（Straight & Right-turn Lane）
直行掉头合用车道	SUL（Straight & U-turn Lane）
左转掉头合用车道	LUL（Left-turn & U-turn Lane）
左转右转合用车道	LRL（Left-turn & Right-turn Lane）
左转直行右转合用车道	LSRL（Left-turn & Straight & Right-turn Lane）
无导向车道	NGL（No Guidance Lane）
可变车道	RvL（Reversible Lane）
人行横道	PC（Pedestrian Crossing）
非机动车道	NML（No-motor Lane）
行人非机动车合用车道	PNML（Pedestrian & No-motor Lane）
非结构化道路（无车道线）	UR（Unstructured Road）

表3-3 交叉口形态及其代码

交叉口形态	代　码
十字形交叉	I（Intersection）
T形交叉	TI（T Intersection）
Y形交叉	YI（Y Intersection）
X形交叉	XI（X Intersection）
多叉形交叉	MI（Multi-intersection）
错位交叉	OI（Offset Intersection）
环形交叉	RI（Rotary Intersection）
右进右出交叉	RIROI（Right-in & Right-out Intersection）
人行横道	PC（Pedestrian Crossing）
道路与铁路平面交叉	GC（Grade Crossing）

表3-4 匝道形态及其代码

匝道形态	代　码
直接式匝道	DRR（Directional Ramp/Road）
非直接式匝道	NDRR（Non-directional Ramp/Road）
半直接式匝道	SDRR（Semi-directional Ramp/Road）
回转匝道	UTRR（U-turn Ramp/Road）

交通设施作为意义性交通场景，是人们赋予其意义后才对交通起作用的标志。交通设施包括道路交通标志、道路交通标线和道路辅助设施三个二级要素类。

1）道路交通标志是用图形符号和文字向驾驶人及行人传递法定信息，用以管制、警告和引导交通的安全设施，其组成元素有颜色、图案和形状。各类标志依据《道路交通标志和标线》（GB 5768—1999）来定义。

2）道路交通标志分为主标志和辅助标志两大类，其中主标志包含：49种警告标志（用于警告车辆、行人注意危险地点）、43种禁令标志（用于禁止或限制车辆、行人交通行为）、29类指示标志（用于指示车辆、行人行进为）、146种指路标志（用于传递道路方向、地点、距离信息）、17类旅游区标志（提供旅游景点方向、距离）、26种施工标志（通告道路施工区通行，用以提醒车辆驾驶人注意）。

3）道路辅助标志是在主标志无法完整表达或指示其内容时，为维护行车安全与交通畅通而设置的标志，它为白底、黑字、黑边框，形状为长方形，附设在主标志下，起辅助说明作用。

道路交通标线按功能分为指示标线、禁止标线和警告标线。

1）指示标线指示车行道、行驶方向、路面边缘、人行横道等设施。

2）禁止标线告示道路交通的通行、禁止、限制等特殊规定。

3）警告标线促使机动车驾驶人和行人了解道路变化的情况，提高警觉，准确防范，及时采取应变措施。

道路交通标线是以规定的线条、箭头、文字、立面标记、突起路标或其他导向装置，划设于路面或其他设施上，用于管制和引导交通的设施。道路辅助设施是进行道路安全驾驶辅助的设备，例如物体隔离设施，它是对交通流进行强制性分离的交通安全设施，其组成要素有护栏、隔离栅、防眩设施等。

周围景观是指路侧的建筑物等，主要由建筑物和花草树木两种元要素构成。它们对自动驾驶汽车行驶时的影响远远小于道路和交通设施的影响，在一般情况下，自动驾驶汽车不会把它们作为一级检测指标。

障碍物是位于车辆行进路线的静态物体，包括正障碍和负障碍，正障碍指各种位于道路平面上方的物体，负障碍指低于道路平面的坑、沟等。

静态环境要素举例见表3-5。

表3-5　静态环境要素举例

道路	路面	交通标志	交通标线	障碍物
直行道路、直线上坡、直线下坡、弯道、弯道上坡、弯道下坡、弯道水平隧道、弯道下沉隧道、丁字路口、十字路口、多岔路口、环岛、主路入口、主路出口、匝道入口、匝道出口、临时停车区、人行横道、铁路道口	有标志线路面、无标志线路面、林荫道路面、落叶路面、碎石路面、颠簸路面、湿滑路面、积水路面	车道导向、速度限制、禁止左转/右转/调头、限高/限宽、让行优先、鸣笛/禁鸣、禁行/禁停、禁止超车、十字交叉、T形交叉、Y形交叉、环形交叉、向左急弯路、向右急弯路、反向弯路、连续弯路、上陡坡、下陡坡、右侧变窄	中心黄色双实线、停止线、禁止路边长时间停放车辆线、网状线、人行横道、减速带、车道线、左转待转区、停车位标线、直行箭头、左转箭头、右转箭头、掉头箭头、最高限速、最低限速、车距确认线、减速标线、禁行区、障碍物线	凸起井盖、道路施工、塑料袋、凹坑、石块、树枝

3.2.3　动态环境要素

动态环境要素，即在车辆动态驾驶任务中处于动态变化的要素。动态环境要素包括动态指示设施及通信环境信息。

1）动态指示设施包含交通信号、可变交通标志和交通警察等。

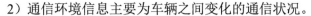

2）通信环境信息主要为车辆之间变化的通信状况。

动态环境要素在仿真环境中的逼真程度主要体现在三维驾驶场景的质量与用户的交互作用过程方面，动态要素的真实性决定了仿真结果的可信度。动态环境要素的具体内容如图 3-22 所示。

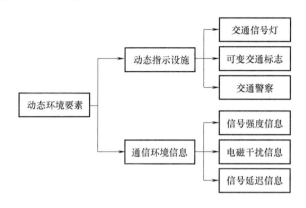

图 3-22　动态环境要素的具体内容

智能交通信号灯是指挥交通，在道路交叉口分配车辆通行权的信号灯光设施，交通信号灯的组成要素依据《中华人民共和国道路交通安全法实施条例》规定来定义。在虚拟交通场景中添加交通灯能够丰富完善虚拟交通环境，与虚拟汽车共同构成多元化的交通场景，使虚拟交通环境更加真实，方便定制各种设定的交通事件。交通信号灯的检测与识别是无人驾驶与辅助驾驶必不可少的一部分，其识别精度直接关乎智能驾驶的安全。一般而言，在实际的道路场景中采集的交通信号灯图像具有复杂的背景，且供识别的信号灯区域只占很少的一部分，如图 3-23 所示。

图 3-23　交通信号灯采集实例

针对交通信号灯在自动驾驶图像处理中的难点，国内外的众多研究者提出了相应的解决方案。总体来说，大多解决方案都是基于传统的图像处理方法，目前也有的用强学习能力的卷积神经网络去进行识别，但这类方法往往需要大量的训练样本以避免过拟合的风险。目前的大多数方法都是在各种颜色空间中利用信号灯颜色的先验进行分割得到兴趣区域，然后再通过信号灯所特有的形状特征和角点特征等进行进一步的判定。比如，Masako Omachi 等人提出在 RGB 色彩空间分割交通信号灯，使用 HOUGH 变换检测分割出的信号灯所在的圆形区域；徐成等提出在 Lab 色彩空间分割交通信号灯，使用模板匹配的方法识别交通信号灯的状态；谷明琴则在 HSV 色彩空间中使用颜色直方图统计图像的 H 分量，确定交通信号灯的类型。

除了交通信号灯可以有效指挥交通之外，在复杂路段，交警手势也可以作为一种临时措施进行交通指挥。为进一步规范交通警察手势信号，提高交通警察的指挥效能，保障道路交通安全畅通，根据《中华人民共和国道路交通安全法》及其实施条例，公安部对 1996 年 3 月 18 日发布的手势信号进行了修改，并决定从 2007 年 10 月 1 日起在全国正式施行。该法规对交通警察的指挥手势进行了明确的规定，简化了自动驾驶汽车的手势识别。

随着智能网联汽车相关技术的不断发展，网联通信已逐渐成为自动驾驶中不可或缺的一个方面，而通信信道是移动通信的传输媒体，所有的信息都在信道中传输。信道性能的好坏直接决定着车辆通信的质量，对于车辆的网联通信性能有着重要的影响，是车辆进行网联通信的基本条件。在车辆的网联通信中，信号的传播环境十分复杂，电波不仅会随着传播距离的增加而发生弥散损耗，而且会受到地形、建筑物的遮蔽而发生"阴影效应"。信号经过多点反射后，会从多条路径到达接收地点，这种多径信号的幅度、相位和到达时间都不同，它们相互叠加会产生电平快衰落和时延扩展。车辆通信常常在快速移动中进行，这不仅会引起多普勒频移，产生随机调频，而且会使电波传播特性发生快速的随机起伏。因此，可以认为车辆通信环境信息是一种随时间、环境和其他外部因素而变化的动态环境因素。

3.2.4 交通参与者要素

交通参与者信息描述的是在自动驾驶测试场景中对本车（智能车）决策规划造成影响的对象信息。如图 3-24 所示，交通参与者信息包括三个要素类：其他车辆、行人和动物。车辆的分类参照 GB 7258—2017《机动车运行安全技术条件》和《中华人民共和国道路交通安全法》，非机动车包括自行车、电动车、三轮车、手推车；机动车包括两轮摩托车、三轮摩托车、轿车、微型客车、小型客车、中型客车、大型客车、小型货车、中型货车和大型货车。对于其他车辆，其位置、纵向运动、横向运动、车辆形状等都是场景中的关键组成要素；对于行人，其位置、速度、方向、外貌特征等也会对自动驾驶汽车产生很大的影响；对于该要素中提到的动物，在一般道路及高速路上很少出现此种交通动态参与者，只有在乡间小道或者人烟稀少的偏远地区会有小动物或者野生动物出没，进而影响交通环境。

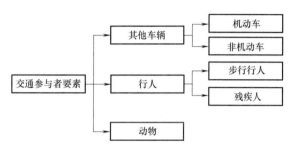

图 3-24　交通参与者要素信息

在一般驾驶场景中，车辆是最主要的交通参与者，车辆运动状态的不同直接影响到驾驶场景的特性。车辆在运动过程中的加速、减速、转弯和制动直接影响到驾驶场景的转变。此处的车辆指的是道路上行驶的一切车辆，包括公交车。除了车辆之外，在自动驾驶过程中，当周边出现行人或者动物时（需要目标高于500mm），车辆需要识别到行人或者动物信息，并通过行人识别系统提供决策信息，促使车辆进行转向、制动等，以保证行人或者动物免受碰撞带来的伤害。

3.2.5　气象要素

气象要素包括驾驶场景中的环境温度、光照条件、天气情况等信息，如图 3-25 所示。

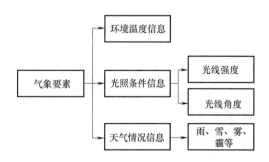

图 3-25　气象要素信息

1）环境温度会影响各元器件的使用精度。

2）光照条件会影响场景采集过程中的能见度，尤其是影响各类摄像头的感知能力。

3）天气情况包括晴、阴、多云、阵雨、雷阵雨、冰雹、小雨、中雨、大雨、暴雨、大暴雨、特大暴雨、阵雪、小雪、中雪、大雪、暴雪、雾、冻雨、沙尘暴、浮尘、扬沙、强沙尘暴、霾等，对传感器的工作精度和工作范围有很大的影响。

以激光雷达为例，其发射的激光一般在晴朗的天气里衰减较小，传播距离较远，而在大雨、浓烟、浓雾等恶劣天气里，衰减急剧加大，传播距离大受影响，工作波长为 10.6 μm 的激光在恶劣天气的衰减是晴天的 6 倍。

3.2.6　场景要素的属性及联系

在自动驾驶测试场景描述中，不仅需要描述场景中存在的对象，还需要描述对象自身属性和对象间的联系。属性信息包括要素的形状、大小等几何信息，也包括速度、加速度等运动信息。对象之间的联系包括逻辑关系、附属关系等。场景要素及其属性和关系共同构成了驾驶场景，不同的要素种类、属性和关系可构成不同的驾驶场景，因此需要对场景的属性及联系进行明确定义，从而为场景数据的采集以及数据库的建设提供指导。

影响自动驾驶交通场景的因素包括测试车辆、静态环境、动态环境、交通参与者、气象，其相互之间具有较强的相关性，涵盖静态因子和动态因子，共同组成交通场景。路面、道路线等静态环境要素是动态要素的依托，也是所有场景构建的基础，场景的构建必先从构建道路开始。同时，各个场景要素之间存在较强的耦合关系，一个要素产生变化可能会对其他所有要素产生影响。以动态环境要素为例，交通信号灯的改变不但会对本车的轨迹产生影响，也会同时影响其他交通参与者的运动状态。在整个自动驾驶测试场景构建中，各要素协调运作才能保证自动驾驶测试时的真实性和可靠性，为自动驾驶汽车的量产上路提供安全保障。

基于场景的自动驾驶测试方法是目前自动驾驶领域进行测试验证的主流发展手段，由于该种技术手段属于自动驾驶测试的全新领域，各研究机构相对欠缺技术积累，对其定义也存在着些许争议，没有形成统一的测试场景定义标准。本章从测试场景分类的角度出发，总结目前主流的场景分类的方式，比较不同分类方式之间的异同，这对各机构之间形成统一的测试场景定义具有重要意义。

同时，本章就其中一种场景要素的分类方式进行了具体阐释，明确该种分类方法的优势，并对其要素种类进行了详细的列举，对其要素所属集合进行了明确定义，测试场景中的一个重要要求就是其分解功能和组合功能。将测试场景按照该种分类方法分成合适的要素，有利于场景要素的进一步组合，对测试场景的构建具有不可或缺的作用。

本章参编人员

朱冰　张培兴　胡成云　田滨　郑建明　张建军　苏奎峰　孙驰天　葛雨明
郎平　彭剑　李卫兵　陈波　杜志彬　杨磊　吴琼　王想亭

参考文献

［1］全国汽车标准技术委员会.智能网联汽车自动驾驶功能测试规程（试行）［DB/OL］.（2018.8.3）［2019.6.2］.http：//www. miit. gov. cn/n1146285/n1146352/n3054355/n3057585/n3057589/c6290219/content.html.

［2］Liu L，Zhu X C，Chen M Y，et al.A systematic scenario typology for automated vehicles based on China-FOT［J］.SAE Technical Paper Series，2018，1.

［3］中华人民共和国住房和城乡建设部.城市道路工程设计规范：CJJ 37—2016［S］.中国：中国建筑工业出版社，2012.

［4］ULBRICH S，MENZEL T，RESCHKA A，et al.Defining and substantiating the terms scene，situation，and scenario for automated driving［C］//International Conference on Intelligent Transportation Systems.Las Palmas:IEEE，2015：982-988.

［5］全国交通工程设施（公路）标准化技术委员会.道路交通标志和标线：GB 5768—1999［S］.北京：中国标准出版社，1999.

［6］交通部公路科学研究院.公路交通安全设施设计规范：JTG D81—2017［S］.北京：人民交通出版社，2017.

［7］中国标准化管理委员会.机动车运行安全技术条件：GB 7258—2017［S］.北京：中国标准出版社，2017.

第4章 自动驾驶测试场景构建关键技术

　　自动驾驶测试场景构建的总体思路是以当今汽车、驾驶（包括高级辅助驾驶）和通信技术为基础，以交通、法规和人文环境为背景，从自动驾驶功能本体视角出发，广泛采集真实交通场景数据，分析自动驾驶影响因素，结合已有可借鉴的驾驶经验进行分析挖掘、概括提炼，形成用于判定自动驾驶安全性、高效性等优劣的，具有真实性、代表性和有效性的流动的要素和参数的集合。与之相关的关键技术主要包括场景数据采集、分析挖掘和测试验证以及将它们有机结合起来的场景构建管理流程与数据库技术等。

4.1　场景构建基本流程

　　自动驾驶测试场景对自动驾驶研发和测试工作起着重要作用。在以场景为驱动的自动驾驶研发测试中，自动驾驶测试场景的科学、有序构建，能有效支撑自动驾驶的测试研发工作。同时，自动驾驶研发测试工作的开展能够反馈给场景库并丰富自动驾驶测试场景，形成正向循环。

　　总的来说，自动驾驶测试场景结构可分为三层：场景层、数据层、测试执行层。场景层作为测试体系的底层基础，需要对测试体系起到聚合的作用，同时又需要将测试内容进行拆分细化。数据层则负责从各方面采集场景构建所需要的数据，并将其处理导入场景层。为了确保生成的测试场景符合客观事实，需要对初步生成的场景进行测试验证。测试执行层也可通过调用场景库中的场景为测试服务，并将测试结果反馈给场景库。场景库是场景的载体平台，通过场景数据采集、分析挖掘、测试验证等步骤将各层数据有机连接起来，实现内容闭环，如图 4-1 所示。

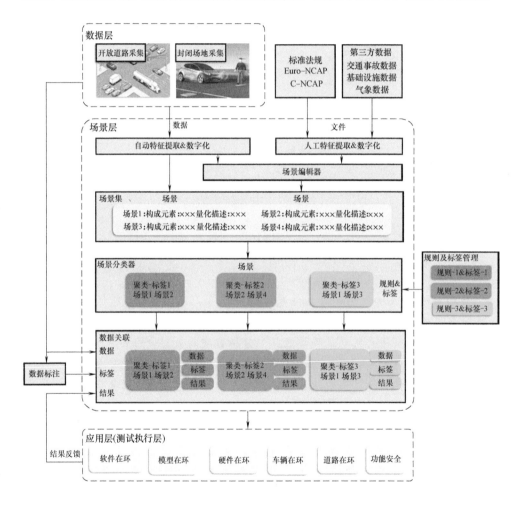

图 4-1　自动驾驶测试场景构建示例

1）第一步是场景数据采集，该步骤主要采集场景建立过程中所需要的各种数据，如车辆状态位置信息、障碍物信息、地理信息等。数据采集主要依靠车辆采集平台实现，车辆需要根据需求安装激光雷达、摄像头、毫米波雷达等采集设备，规定采集变量和参数格式。在采集工作完成之后，可以利用自动化处理工具对数据进行特征提取和数字化。场景数据也可以来自于文字记录或图表示意的国家及行业标准法规、交通事故数据库、气象数据库等。从标准法规和交通事故等数据库获取的数据格式和参数不同，需要依靠人工进行特征提取。故场景数据采集主要包含采集需求定义、采集方案制定与执行、数据预处理及数据传输存储等环节，除此之外，仿真台架数据采集、路测设备数据采集等方法也可以丰富数据来源，为第二步的场景分析挖掘奠定基础。

2）第二步是场景分析挖掘。将采集回来的数据进行处理，如场景理解、特征提取挖掘等，统一格式之后再导入到场景库中。在此基础上，需要围绕场景进行聚类、生成和优化等处理，从而构建不同场景。例如对于十字路口场景，主车信息、障碍物信息、道路信息等都是与特定场景绑定在一起的。此时场景库中的场景是单独和孤立的，需要给场景增加各类标签和规则，通过标签和规则进行统一管理查询和调用。举例来说，当筛选"路口""红绿灯由绿变红""障碍车切入"这三类标签时，即可聚类出路口红绿灯由绿变红同时有障碍车切入的场景。标签可以人为设定和修改编辑。

3）场景通过关联数据、标签后，即可应用于测试层，进入场景构建的第三步——测试验证。场景测试验证主要是将场景库内已经构建好的场景抽取出来，用虚拟场景验证、实车场景验证等方法进行验证，确认场景的真实性、代表性和有效性，从而更好地服务于研发和测试工作。与场景相关的测试结果反馈给场景库，对场景的分析挖掘方法等进行修正，或者根据需求重构生成场景，更新补充完善场景库。场景库进一步有效支撑测试研发工作，从而形成场景库构建与应用的正向循环。

4.2 场景数据采集技术

道路交通场景数据是构建自动驾驶车辆测试场景的重要基础。为了确保对自动驾驶技术安全性、高效性、舒适性等各项性能测试的完整有效，需要完整采集自动驾驶车辆应用范围内的相关数据，分析构建自动驾驶车辆测试场景。本节从道路交通场景数据的采集要求、采集方法、数据预处理技术及数据传输存储方法等方面，对自动驾驶测试场景的数据采集技术进行阐述。

4.2.1 场景数据采集要求

1. 场景数据采集内容要求

场景数据采集应考虑相关性要求，根据不同的自动驾驶功能和等级、驾驶任务、评价维度等确定采集数据相关性。测试对象不同，测试场景的范围和数量也不同，由此构建测试场景所需的数据采集范围及数量也不同。举例来说，L3 与 L4 级别的自动驾驶车辆设计应用范围及动态驾驶任务不同，针对相关功能的数据采集内容也有所不同。此外，相同的自动驾驶功能，不同的评价维度，也会导致采集数据需求不同。

场景数据采集应考虑完整性要求，为确保自动驾驶技术得到社会广泛的接受，进而达到安全、效率等方面的预期收益，需要对自动驾驶车辆进行完整而充分的测试。因而场景数据的采集需要达到足够的覆盖度以确保自动驾驶测试验证的全面性和可靠性。基于自动驾驶功能应用范围内可能影响其功能的所有动静态场景元素及其组合，分析人类可以接受的自动驾驶车辆性能水平。场景数据采集的完整性包括采集范围的完整性与场景数据描述的完整性。其中，采集范围的完整性需要考虑不同地理位置、道路类型、气候环境、交通复杂度及参与者类型、季节效应、采集时段、采集人员及采集车辆类型等因素的影响。场景数据描述的完整性是指采集过程要完整记录影响测试场景的各个参数，从采集的参数类型、参数精度、采样频率、同步性等方面确保数据的完整性。

场景数据采集应考虑数据采集数量的要求，足够数量的数据能够反映出某一类场景在真实道路的发生概率，这是测试场景构建中重要的参考信息，能够提高测试场景对于真实交通场景的代表性。

场景数据采集应考虑数据精度要求，需要根据测试功能与测试场景构建流程等确定数据采集的精度要求。采集数据的精度可能影响到构建测试场景的精度，最终影响到测试场景的准确性。

场景数据采集应考虑不同来源数据的时间同步性要求。场景由一系列时序数据组成，需要确保不同传感器的数据在时序上是一致的。场景中不同类型的信息或数据由不同的传感器采集获取，应采取有效方式确保不同传感器数据的同步精度。

2. 场景数据采集方法要求

场景数据采集方法需要遵守相关法律法规，满足安全性要求。数据采集方法应充分考虑交通环境特点、设备安装方式、设备适应性、采集方法流程、特殊天气等影响因素，降低数据采集过程安全事故风险。同时，采集过程需要确保信息安全，特别需要避免采集敏感区域信息，包括并不限于政府或军事设施等。

场景数据采集方法需要满足有效性要求，能够采集到满足要求的场景数据。按照前述章节要求，数据采集方法需要在不同地域气候、不同天气环境、不同交通环境等条件下，采集到满足相应要求的场景信息。

数据采集服务于测试场景的制定，涉及不同区域与气候条件，需要考虑时间与物质成本的影响。数据采集方法应充分考虑采集效率与成本影响因素，以进行合理设计与优化。

3. 场景采集数据存储管理要求

场景数据存储管理需要保证采集数据的安全性，避免场景数据采集、转移、存储过程中的数据丢失、泄露、破坏等行为。合理使用数据管理系统的安全控制方法，保护采集数据不被非授权用户访问或操作等。

场景数据存储管理需要支持复杂场景数据的高效管理，场景数据包含道路环境信息、交通参与者信息、场景视频等结构化与非结构化的数据。场景数据具有数据内容复杂、量级大等特点，场景数据管理与应用系统需要进行合理数据库结构设计。

场景数据存储管理需要设计丰富的数据接口，支持用户便捷地查询、调用场景数据。场景数据可能存在多种访问需求，场景数据存储管理需要提供合理的数据接口，支持用户便捷访问、应用数据。场景数据存储管理需要支持高效的数据并发访问，相同的场景数据可能被多个用户同时访问使用，数据管理系统需要支持并发控制，支持多用户的高效并发访问。

4. 场景数据采集设备要求

公共道路交通场景数据采集是场景数据采集的重要方法，需要在采集平台车辆基础上搭建场景数据采集系统。场景数据采集车辆安装智能视觉设备、毫米波雷达、激光雷达、定位设备等传感器，以获取交通场景相关数据。采集设备搭建于特定的车辆平台，应用于公共道路交通场景，为保证系统能够稳定可靠地采集交通场景数据，数据采集设备需满足相应的机械要求与电气要求。

为保证数据采集设备能够适应车载应用环境，稳定可靠地采集交通场景数据，需要考虑下列相关机械要求：数据采集设备应满足外观尺寸与形状相关要求，设备尺寸、形状可能影响到安全性、车辆风阻系数等。数据采集设备应满足材料力学相关要求，需要考虑设备材料的强度、刚度、表面硬度等性能。数据采集设备应满足车载安装的温度、湿度环境。数据采集设备应考虑不同天气对设备的影响。数据采集设备应满足防撞性要求，设备选型与安装应考虑车辆碰撞等事故，避免或减少碰撞事故伤害与损失。数据采集设备应满足耐久要求，考虑到场景数据采集的时间跨度，设备需要保证在一定的时间周期内稳定可靠地运行。

为保证数据采集设备能够适应车载应用环境，稳定可靠地采集交通场景数据，需要考虑下列相关电气要求：数据采集设备应满足电气安全要求，在车载应用环境下不能导致安全事故。数据采集设备应满足供电方式与功率要求，考虑车载用电功率限制，设计合理的供电方式。数据采集设备应满足电磁干扰要求，在车载应用环境下不同电气设备之间存在电磁干扰现象。数据采集设备不能对外产生很强的电磁干扰，影响其他设备正常工作，同时需要具备一定的电磁干扰抵抗能力。数据采集设备如要接入车辆CAN总线，需考虑CAN通信的负载能力，不应对车辆 CAN 通讯造成干扰影响。车联网场景数据采集设备不应对 V2V 及 V2X 等正常通信造成干扰影响。

4.2.2　场景数据采集方法

本章节主要介绍场景数据采集方法，包括场景数据采集的内容、传感器设备、数据采集方案等。本节主要介绍基于实车的场景数据采集、事故场景的数据采集方法以及其他相关场景数据采集方法。

1. 基于实车的场景数据采集方法

（1）实车数据采集内容

公共道路场景可包含人、车、路、环境等方面，为了能完整有效地反映出场景的内容，数据采集的内容需包含本车行驶状态数据、交通参与者数据、道路环境数据等。

本车行驶状态数据可包括本车位置、姿态、车速、加速度、方向盘转角、发动机转速、变速器档位、油门踏板位置、刹车踏板位置、灯光状态、驾驶人状态等。

交通参与者数据可包括交通参与者的类别、位置、尺寸、姿态、速度、加速度等属性与运动状态数据。

道路环境数据可包括道路交通信息、环境天气信息等。其中道路相关数据包括道路类型、路面材质、车道数量、限速标志、交通拥堵情况等。环境主要包括天气、温度、湿度等。

（2）实车数据采集传感器

数据采集传感器选型与配置是数据采集工作的重要内容，使用不同的传感器获取交通场景中的不同数据。不同传感器的测量内容、测量精度、环境适应性等存在差异，下面介绍与数据采集工作相关的传感器。

1）视觉传感器。视觉传感器主要是工业相机，具有高的图像稳定性、高传输能力和高抗干扰能力等。视觉传感器获取的图像或视频数据信息量大、实时性好、体积小、能耗低、成本低，但易受光照影响，且三维信息测量精度较低。基于视觉传感器的视频数据处理流程一般包括图像采集、图像预处理、图像特征提取、图像模式识别、结果传输等，根据具体识别对象和识别方法不同，处理流程也会略有差异。机器视觉是数据采集常用方法之一，从图像中获取的数据信息丰富，能够分析出目标物体的类型、距离信息、运动轨迹等。

2）激光雷达传感器。激光雷达通过发射和接收激光光束，获取车辆周围环境二维或三维距离信息。通过距离分析识别技术对行驶环境进行感知，激光雷达能够获取物体三维距离信息，测量精度高，对光照环境变化不敏感，但它无法感

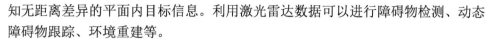

知无距离差异的平面内目标信息。利用激光雷达数据可以进行障碍物检测、动态障碍物跟踪、环境重建等。

3）毫米波雷达传感器。毫米波雷达是工作在毫米波段的探测雷达，可以获取目标车辆的位置、速度等运动状态信息。毫米波雷达抗干扰能力强，受天气情况和夜间的影响较小，但毫米波雷达难以获取目标物体的详细信息，无法针对目标物体进行精准建模。

4）超声波雷达传感器。超声波雷达传感器主要用于短距离探测物体，不受光照影响，但测量精度受测量物体表面形状、材质影响较大。超声波雷达的工作原理是通过发射接收频率在40kHz左右的超声波，根据时间差测算出障碍物距离。但是超声波雷达探测距离较短，一般不超过6m。超声波雷达一般安装在汽车的保险杠或者侧面，用于测量汽车前后障碍物和侧方障碍物。

5）声音传感器。声音是人类驾驶重要的信息交互方式，例如驾驶人通过鸣笛可以表明驾驶意图，特种车辆如消防车、救护车、警车等通过特殊声音信号请求其他车辆避让。自动驾驶车辆同样需要利用声音信息，做出合理的驾驶行为决策。因此，数据采集车辆应该根据需求采集声音数据，用于后续的场景构建工作。

6）车辆定位设备。车辆定位技术主要基于三种不同的技术：第一种是基于全球导航卫星系统（GNSS）的定位方式，利用一组卫星的伪距、星历、卫星发射时间等观测量，计算获取目标的三维坐标、速度等信息；第二种是基于惯性导航系统的航迹推算的定位方式，主要使用加速计和陀螺仪来测量物体的加速度和旋转，连续估算运动物体位置、姿态和速度的信息；第三种是基于特征匹配的定位方式，主要依据传感器数据特征匹配以实现车辆自主定位。

7）车辆网联设备。车辆网联设备是指车辆之间，或者汽车与行人、骑行者以及基础设施之间的通信系统。通过网联技术，车辆可以获取超视距的环境信息，更快速地感知周边环境的变化并作出预判，伴随5G技术的逐渐推广，网联功能将作为自动驾驶的重要支撑。通过车辆网联设备可采集车辆该时段通过网联功能获取的外界信息，有效提升场景构建的完整性。

8）车辆基础传感器数据采集设备。采集设备记录车辆基础数据主要包括车辆运行状态、驾驶人操作等，主要由车辆内置陀螺仪、轮速传感器、转角传感器等获取，通过车辆CAN网络输出。其中，车辆运行状态包括车辆姿态、车辆轮速、横摆角速度、发动机转速、变速器档位等数据。驾驶人操作包括加速踏板位置、制动踏板位置、方向盘转角、灯光状态、刮水器状态等数据。

（3）实车数据采集方案设计

1）数据采集区域与路线。根据场景数据采集需求，分析目标区域内公共道路的类型与特征，确定数据采集的区域范围。考虑数据采集的量级要求与公共道路通行要求，完成采集车辆的行驶路线规划。采集车辆行驶的区域、路线等的确定需要考虑采集范围的覆盖率，以提高场景数据采集的完整性。同时，考虑到采集效率与成本因素，应选取更短的路线覆盖更多的场景，可结合道路测试经验、交通数据分析等方式确定数据采集区域和路线。

2）数据采集数量。根据场景数据的采集需求，分析确认场景采集的数量。随着采集数量的增加，采集场景的覆盖率可以逐步提高，更多地采集到稀有场景数据。但是，受到采集时间、成本等限制因素的影响，场景采集的数量不能无限增加。应综合考虑数据采集的需求与限制，合理设计数据采集的数量。

3）采集系统设备配置。采集系统需要考虑传感器的选型与配置，根据场景数据采集的内容要求，结合不同传感器的性能特点，进行采集车辆传感器配置，涉及激光雷达、毫米波雷达、视觉相机、定位设备、V2X通信设备等。传感器配置方案应考虑采集内容的覆盖度，包括传感器感知范围、采集数据的内容等，以提高场景数据的完整性。

采集系统需要配置数据处理记录设备，数据处理记录设备应该具备足够的数据处理能力、丰富的数据传输接口、较大的数据存储容量、良好的车载应用适用性，以满足传感器数据实时处理记录要求。

数据采集系统需要配置网络连接设备，在将传感器数据传输至数据处理记录设备过程中，涉及CAN网络适配器、网络交换机等网络连接设备。

4）采集车辆与人员。根据数据采集需求，确定数据采集平台车辆的类型与数量。采集车辆应配置具有丰富驾驶经验的驾驶人，驾驶人应熟悉采集车辆状态、了解数据采集系统。根据需求安排随车工程师，负责采集系统监管与维护。

5）采集注意事项。场景数据采集需满足区域内相关的法律法规要求。场景数据采集需制定相应的流程规范，明确采集过程角色任务、具体操作等，确保数据的采集和存储规范有效。

2. 事故场景数据的采集

事故场景有别于其他场景的采集，主要原因为事故的偶发性较高，通过自然驾驶等手段采集到的事故较少，难以覆盖大范围的事故形态，故本章节主要描述事故后数据采集的方法。

（1）事故场景数据采集途径

事故场景的主要数据来源不同，对应的采集途径也不相同，在事故场景数据的采集过程中需要灵活利用不同的方式，达到数据采集的目的。以下简要介绍几种常见的数据采集途径。

1）事故现场采集。事故现场采集是最直接、最准确的事故场景数据采集方法。事故采集人员第一时间到达事故现场，并对事故发生的车辆、人员、地面痕

迹、周边环境进行及时记录，可最大限度地保留事故发生的重要数据。

2）监控视频及行车记录仪。作为能够直接以图像信息存储事故发生过程的设备，监控视频及行车记录仪最能真实反映事故发生的过程。通过监控视频或行车记录仪信息，可以计算获得车辆的位置、速度、加速度等信息。

3）事故回访。事故回访是指通过对交通事故的参与人员进行相关的回访，可以获得驾驶人对于事故的细致描述、事故过程中的操作信息、视线遮挡以及主观感受等信息。

4）车辆事件数据记录设备。随着车辆技术的发展，很多新的车辆已经安装了事件数据记录设备。该设备可以详细记录事故发生前的车辆运动状态，成为真实还原事故过程的参考依据。

5）事故档案。对于重特大交通事故，会有相应的事故报告及事故档案。事故报告及事故档案会对事故的发生过程及事故后的调查进行详细的描述，参阅这类报告也可以获得事故的相关数据。

（2）事故场景数据采集方法

事故场景数据涉及范围广，不同数据的采集方法也各不相同，以下简要介绍几种主要数据的采集方法。

1）直接测量法。通过直接测量得到所需要的数据，是较为方便的数据采集方法。这类数据通常使用常规测试工具获得，例如车辆的位置、破损部位的最大损坏距离、道路痕迹长度、水膜厚度等。

2）影像法。通过拍摄照片或录像的方法对所需要的信息进行记录，这种方法适合采集事故现场容易消失但不容易描述记录的数据，例如散落物的位置、大小、面积等。同时，影像法也适合事故现场周边环境、道路设施的记录，可以通过照片记录，利用参考物的设置，换算出所需数据。

3）计算法。通过对车辆损坏、道路痕迹等参数的获取，可以使用计算公式获得车辆的碰撞速度等重要参数。具体计算方法可以参考 GB/T 33195—2016《道路交通事故车辆速度鉴定》。

4）事故重建仿真。随着计算机仿真技术的发展，已经有很多软件可以对车辆的碰撞进行仿真重建，利用计算机软件对交通事故进行事故重建，可以细致地还原事故过程的细节，进而获得事故场景需要的数据。

5）碰撞波形法。通过分析事件数据记录设备的数据来获取碰撞波形。碰撞波形可以精确地计算出多个波形特征，从而分析出这些参数和损伤结果之间的联系。例如速度曲线、碰撞时间、碰撞时的速度等。

6）痕迹推测法。事故发生中会留下很多痕迹，这些痕迹可以很好地反映事故发生前及发生后的车辆轨迹，通过对痕迹的勘察，可以推测车辆的运动轨迹，从而得到车辆的位置信息。

3. 其他场景数据采集方法

（1）基于仿真台架的采集方法

通过交通环境、交通参与者、车辆动力学等联合仿真平台，模拟公共道路交通场景，可以进行交通场景数据采集。首先根据公共道路数据，在仿真软件中完成天气环境、道路环境、交通参与者行为等交通流建模，然后自动驾驶车辆或者人工驾驶车辆在仿真交通流中行驶，产生具备一定真实性的交通场景。利用联合仿真平台，可以将仿真过程中的相关数据进行保存记录，完成场景数据采集。

（2）基于路侧设备的采集方法

基于路侧设备，可以针对特定的交通区域进行场景数据采集，进行特定的测试场景用例搜集和应用。美国联邦公路管理局（FHWA）发起的 NGSIM 项目中，利用布置在高空的相机采集高速道路、十字路口等路段的交通场景数据。通过路侧相机等全天候不间断地对交通场景数据进行采集，针对发生交通事故或者存在潜在隐患的场景，可以有效地获取到场景的事前、事中、事后的全过程记录，有利于更全面地对特定场景进行分析重构。受到设备安装条件等限制，基于路侧设备的场景采集方法覆盖度有限，可以作为实车采集方法的补充采集方式。

随着网联汽车技术的发展，利用 V2X 相关技术与设备进行交通场景数据采集，能够更加广泛地采集到不同区域、不同气候条件下的交通场景数据。在网联设备广泛投入应用的前提下，基于 V2X 技术的交通场景采集能够有效提高数据覆盖率，降低数据采集成本。

（3）基于飞行器的采集方法

基于飞行器进行交通场景数据采集，能够从俯视视角采集到相对完整的场景信息。德国亚琛工业大学汽车工程研究所（RWTH Aachen University ika）发起的 highD 项目中，利用无人机采集高速道路上的交通场景数据。在飞行器上安装相机等采集设备，利用机器视觉技术进行处理，可以获取交通参与者的类型、位置、速度等基本信息。基于俯视视角，能够方便地获取场景的全局信息，有利于分析交通参与者的交互行为与相互影响。以飞行器作为采集平台，可以更加灵活地选择采集地点、路线等，有利于补充完善整体采集方案。

4.2.3 场景数据预处理技术

在进行场景数据存储管理之前，需要对场景数据进行预处理。数据预处理的目的是提高场景数据的可用性，利于后期数据分析。场景数据预处理主要包括在线处理和离线处理两个阶段。在线处理是在场景采集的同时进行的操作，目的在于及时得到重要的目标数据或要素参数，以丰富实时采集的数据维度。离线处理是在场景数据采集之后与场景分析挖掘之前进行的操作，找出有缺失、重复或错

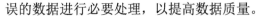

误的数据进行必要处理，以提高数据质量。

1. 场景数据在线处理

场景数据在线处理包括各类传感器数据处理以及多传感器数据融合处理。

（1）摄像头数据在线处理

摄像头数据在线处理主要利用视觉感知算法实现目标的识别、检测、分割、追踪等，进而完成基于视觉的数据级障碍物感知任务，例如车辆/行人检测、车道线识别、红绿灯识别等。常用的摄像头在线处理方法包括计算机视觉算法以及深度学习算法。计算机视觉算法通过对图像进行滤波、边缘检测、图像聚类等操作，实现目标分割和目标检测，获得目标的具体位置信息。随后利用深度学习算法对检测的目标进行识别，获得目标的类别信息，在此基础上利用匹配算法实现目标跟踪。

（2）激光雷达数据在线处理

激光雷达数据在线处理主要利用传统 PCL 算法与深度学习算法。PCL 算法旨在利用一些分割算法对原始点云进行划分，常见的方法是通过随机采样一致性算法与欧式聚类结合的办法处理。随机采样一致性算法适用于提取特殊几何特征的物体；欧式聚类算法通过 K-Dtree 划分点云空间，并搜索几何距离最近点，能快速分割保证实时性，实现了点云分割得到目标所在的位置。由于目标对激光反射强度不同，会存在点云缺失的问题，导致目标对应的点云数据不够完整，因此需要根据先验知识对目标边框进行构建。通过对数据进行标记，利用深度学习网络进行目标识别，得到目标的具体类别，并利用匹配算法实现目标追踪。

（3）毫米波雷达数据在线处理

毫米波雷达一般可以输出目标级的检测结果，包括目标的 ID、极坐标系下的方向与距离信息。通过进行坐标变换能够得到目标的位置信息，并通过进行微分运算可以得到目标的速度和加速度信息。

（4）定位传感器数据在线处理

定位技术主要基于三种不同的技术，第一种是基于原始的 GNSS 信号的定位方式，第二种是基于 IMU 惯性导航系统的航迹推算的定位方式，第三种是基于特征匹配的定位方式。在实际应用过程中，往往结合上述两种或多种定位技术，获取相对准确的定位结果。

（5）多传感器数据同步与融合处理

数据同步的要求包括时间同步和空间同步，时间同步需要对不同传感器的数据采集周期进行同步，空间同步需要对不同传感器的坐标系进行同步，从而保证不同数据源之间在时间和空间维度上的匹配。由于不同传感器的工作原理不同，数据类型也不同，需要对多源传感器的数据进行匹配和融合处理。在匹配方面，由于不同传感器具备不同的频率，首先需要进行频率统一处理。通过使用中值采样、样条插值采样等方法，可以实现传感器数据时间轴的统一。

针对不同传感器数据特征，分别进行数据前融合和数据后融合。前融合算法针对的是传感器原始数据，在完成数据融合之后才进行目标识别工作，包括神经网络、数据匹配算法等方式。通过前融合可以改善单一传感器在特定工况下的探测弱点，从数据上提升传感器的精度。后融合算法针对多源传感器各自的识别结果进行融合，包括目标匹配、目标追踪、目标滤波等算法。后融合算法具有运算量小、冗余度高以及误检率较低等优势，通过充分利用各种传感器在不同工况下的性能优势，实现精确的目标融合。

2. 场景数据离线处理

数据离线处理包括数据抽取和数据清理两个步骤：

（1）数据抽取

数据抽取的主要任务就是把不同数据源中的数据按照数据规范的格式转入到数据库中，即统一数据格式。不同数据源使用的数据库类型会不同，所以数据抽取大致可以分为两种情况。

一种情况是数据源与最终场景数据库使用相同的数据库，可以使用关系型数据库自带的数据库连接功能，将场景数据库服务器与原系统连接起来。另一种情况是数据源与数据仓库使用不同关系型数据库时，需要先将数据库中的数据文件导出，成为指定格式的文本文件或者其他格式的文件类型，再将得到的数据库文件导入到指定的数据库，便于分析时统一抽取需要的数据。

（2）数据清理

受外界自然环境、采集平台等客观因素的影响，原始驾驶场景数据存在数据不完整、数据错误、数据重复记录、数据不一致等问题。科学的数据预处理方法，在保证采集数据满足应用需求的同时，也能有效降低驾驶场景数据的复杂度。数据清理是直接处理数据的第一步，会直接影响后续处理的结果。根据场景要素的分类，分别处理环境信息、道路交通设施、本车状态及交通参与者状态。

数据缺失是采集场景数据中常见的情况。为了得到完备的信息，就需要解决数据缺失的问题。处理数据缺失通常使用以下几种方法：第一种方法是删除有缺失信息的记录；第二种方法是对信息进行人工补全；第三种方法是利用数学公式对已有数据信息的值进行统计分析，利用统计的值进行补全。

4.2.4 场景数据传输与存储技术

数据传输与存储是场景数据采集的重要任务，使数据采集工作能够持续

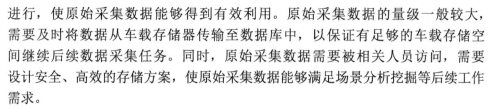

进行，使原始采集数据能够得到有效利用。原始采集数据的量级一般较大，需要及时将数据从车载存储器传输至数据库中，以保证有足够的车载存储空间继续后续数据采集任务。同时，原始采集数据需要被相关人员访问，需要设计安全、高效的存储方案，使原始采集数据能够满足场景分析挖掘等后续工作需求。

1. 场景数据的传输方式

场景数据的传输方式包括在线传输和离线传输两种。在线传输是指在采集过程中实时地将传感器采集到的数据传输到服务器；离线传输是在采集结束后，将采集得到的场景数据传输到服务器中。

场景数据在线传输到云端的过程需要有足够的专用带宽，从而保证传输过程的顺利进行。云存储需要将大量的场景数据进行迁移，而在传输完成之前，数据被存储在具有特定数据访问协议的孤岛中，将这些数据转移到云端上非常烦琐。因此，应该采用漂移和转移策略，将存储的数据转移到使用本地存储的云原生格式，并逐步将数据传输到云端，该步骤能够降低成本和风险，并且可以随着时间的推移而完成。

对于离线传输方式，需要提供足够的备用硬件将数据进行暂时存储，该方式能够对数据进行保护和备份。离线传输可以采用移动硬盘或者 NAS 设备，移动硬盘直接通过 USB 进行数据传输，NAS 设备需要高速网络进行数据传输，同时 NAS 设备应支持目标环境（Windows、Linux 等）和文件访问机制（NFS、CIFS、光纤通道等）。在采集任务完成之后，可以将存储的设备传输至服务器中，完成数据的离线传输。

2. 场景数据的存储方案

场景数据的存储方案包括云端存储和本地存储两种，云端存储是将场景数据通过网络通信方式上传至云端进行存储，本地存储是利用自建服务器对场景数据进行存储。

云端存储需要构建云端系统，云端系统包括存储层、基础管理层、应用接口层和访问层。各层的结构和功能如下：

（1）存储层

存储设备之上是统一存储设备管理系统，可以实现存储设备的逻辑虚拟化管理、多链路冗余管理，以及硬件设备的状态监控和故障维护。

（2）基础管理层

基础管理层是云存储核心的部分基础管理层通过集群、分布式文件系统和网格计算等技术，实现云存储中多个存储设备之间的协同工作，使多个存储设备可以对外提供同一种服务，并提供强大的数据访问性能。

内容分发网络、数据加密技术保证云存储中的数据不会被未授权的用户所访

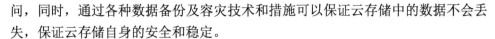

问，同时，通过各种数据备份及容灾技术和措施可以保证云存储中的数据不会丢失，保证云存储自身的安全和稳定。

（3）应用接口层

应用接口层是云存储灵活多变的部分，它是场景采集数据与测试场景应用的媒介，需要根据场景的应用方式提供不同的应用服务。

（4）访问层

任何一个授权用户都可以通过标准的公用应用接口来登录云存储系统，享受云存储服务，获取需要的场景数据。云存储运营单位不同，云存储提供的访问类型和访问手段也不同。

根据数据存储位置的不同，云端存储可分为公共云存储、内部云存储和混合云存储三类：

1）公共云存储具有低成本的优势，供应商可以确保每个客户的存储与应用都是独立和私有的。公共云存储可以划出一部分用作私有云存储，可以将采集的场景数据存储在私有云中，便于开发人员对其进行管理和使用。

2）内部云存储和私有云存储比较类似，不同点是它仍然位于企业防火墙内部，因此具有较高的安全性，适合存储较为重要或稀缺的场景数据。

3）混合云存储把公共云和私有云/内部云结合在一起，可以满足用户个性化需求，提供一种平衡安全、性能、成本等多个因素的解决方案。从公共云上划出一部分容量配置一种私有或内部云，在公司面对迅速增长的负载波动或高峰时很有帮助。

本地存储可以采用存储区域网络（Storage Area Network，SAN）的存储方式，SAN的支撑技术是光纤通道（Fiber Channel，FC）技术，它是ANSI为网络和通道I/O接口建立的一个标准集成。FC技术支持HIPPI、IPI、SCSI、IP、ATM等多种高级协议，其最大特性是将网络和设备的通信协议与传输物理介质隔离开，这样多种协议可在同一个物理连接上同时传送。SAN采用了光纤通道技术，所以它具有更高的存储带宽，存储性能明显提高。SAN的光纤通道使用全双工串行通信原理传输数据，传输速率高达1062.5Mbit/s。

SAN的硬件基础设施主要是光纤通道，用光纤通道构建的SAN由以下三个部分组成：

1）存储和备份设备：包括磁带、磁盘和光盘库等。

2）光纤通道网络连接部件：包括主机总线适配卡、驱动程序、光缆、集线器、交换机、光纤通道和SCSI间的桥接器。

3）应用和管理软件：包括备份软件、存储资源管理软件和存储设备管理软件。

4.3 场景分析挖掘技术

测试场景包含很多要素，而这些要素又组成了多种多样的场景。利用各要素的属性与特征，以及根据实际的交通状况挖掘出有意义的场景对场景库的建设十分重要。当场景库中有了初步的场景信息后，又需要有效的数学分析方法去归类、扩充、优化现有的场景，这些都需要通过数据挖掘技术来实现。

现实中的日常交通场景通常是不能直接被应用到场景库中的，这就需要甄别出具有典型性或者普遍性的场景，对自动驾驶汽车进行测试。比如需要从纷繁的交通信息中分离出交通事故或者潜在的交通隐患的场景，或者自然驾驶状态下的典型场景等。当获取到了上述典型性的场景后，就需要用特定的方法来对这些场景的等级或者覆盖率进行分析，以及对这些场景中的车辆或者行人等特征进行提取挖掘。

4.3.1 场景理解

对采集到的交通场景的挖掘首先要进行场景理解，例如场景中有哪些交通参与者、交通参与者的运动状态以及交通参与者的行为意图等。场景的理解有多种方法，以视觉感知为例，场景理解需要将图像中的每个像素点都分类。例如图4-2所示，场景理解涉及诸多子任务：目标检测、区域标注和3D重建等。

图4-2 基于视觉的场景理解效果示例

在图像理解应用领域中，模型的建模过程通常可分为模型特征表示、学习推理以及评价。图像理解涉及基本理论有：概率统计、图像模型及机器学习等。如图4-3所示，基于机器学习的图像场景理解要解决好四方面的任务：

1）图像特征表示。

2）图像场景建模及模型学习。

3）有效的模型推理算法建立。

4）对图像理解的评价方法。

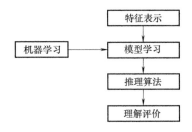

图 4-3　基于机器学习的图像场景理解任务

随着深度学习模型的发展，在计算机视觉领域内基于卷积神经网络的检测模型逐步成为目标检测的首选方案。针对滑动窗口提取检测区域的缺点及特征制作的难度，出现了基于区域的深度学习目标检测算法（R-CNN），也就是通过选择性搜索（SS）算法代替滑动窗口检索出候选检测区域，利用 CNN 网络提取出特征，最后在 SVM 中完成分类。

Fast R-CNN 利用感兴趣区域池化网络结构解决了批量提取候选区域特征的问题。在原来的模型基础上加入了多任务损失函数，使用最大传输函数分类层和边界框回归层组合为全连接层，将分类加入网络输出层中，从而不需要再单独训练 SVM 分类器，优化了训练过程，实现了检测过程中特征提取与分类的统一。但是 Fast R-CNN 依旧存在检测速度慢的问题，而且因为 SS 算法提取候选区域，整个系统还不是端到端的，依旧需要改进。

Faster R-CNN 提出了利用区域生成网络（RPN）搭配 Fast R-CNN，从而放弃SS 算法生成候选目标检测窗口，使得整个系统实现端到端的训练分类。虽然使用 RPN 只能提取几百个候选检测窗口，但是目标候选区域质量更高，目标召回率也很高，使目标检测准确率进一步提高。然而 RPN 本质上也是滑动窗口，但是利用了卷积神经网络生成优质的候选目标区域。利用锚点机制，在最后一层卷积层上滑动遍历一遍，提取候选区域，这也相应地减少了计算量。

而以 YOLO 为代表的基于回归的目标检测算法主要是将检测判别为回归任务。YOLO 不再提前提取候选目标区域，对于输入的图像，通过神经网络快速传播，直接在图像层回归出检测目标的边界框和分类识别概率。基于 YOLO 的目标检测过程主要是对输入图像做归一化处理，使用卷积神经网络对图像进行回归预测，最后将预测的结果进行输出显示。

4.3.2　特征提取

在理解场景的基础上，需要对场景的各种动静态元素进行特征提取，对场景

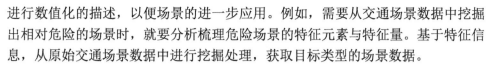

进行数值化的描述，以便场景的进一步应用。例如，需要从交通场景数据中挖掘出相对危险的场景时，就要分析梳理危险场景的特征元素与特征量。基于特征信息，从原始交通场景数据中进行挖掘处理，获取目标类型的场景数据。

场景仿真需要当时场景中相关车辆或行人的动态信息。比如采集车载摄像头、激光雷达和定位等信息，通常被认为是描述场景动态部分所需的最小信息集。通过结合来自车辆 CAN 总线的信息（如轮速、制动压力和方向盘转角等），可以扩展场景的内容。

以场景挖掘部分描述的视频抓取场景为例，当搜集到了合适的场景时，需要把场景中车辆的运动状态进行提取，例如需要提取车辆的实时位置信息、实时速度信息、最大速度、转向的角速度信息等。例如：在车辆变道的过程中，采用特定方法可以提取出车辆的最大横向速度。然后根据事先设定的评估标准对该场景进行评价，其中将提取出来的车辆速度等信息作为评价的参考指标之一。

4.3.3 场景聚类

通过数据采集获取大量的场景数据，然而有些场景极其相似，还有些场景之间差别很大。场景库中的数据通常包含了大量的场景特征信息，需要对其进行进一步的分析，对场景库中的场景进行分类和聚类。比如通过车辆的轨迹信息来对具有相似行驶曲线的车辆轨迹进行聚类，把不同的轨迹的场景分到不同的类别中。还可以进一步通过结合轨迹和其他行驶参数的特征来进行分析，对具有相似特征的场景进行聚类。

场景库中各种参数可以映射到空间数据库中，空间数据往往具有容量大、维度多的特点，在空间数据挖掘过程中，往往会掺杂一些噪声对分类、聚类产生干扰。因此需要有效的、鲁棒性高的、稳定性好的算法进行分析。常用的聚类算法主要有 DBSCAN、OPTICS、STING、K-MEANS 和 BIRCH 等。另外根据算法的特征，也可以把上述算法划分为基于分区的算法、基于分层的算法、基于密度的算法，以及基于网格的算法和基于模型的算法。在对不同的场景参数进行聚类时，需采用上述何种方法，则需要深入的研究。

4.3.4 场景生成

现实道路上的车辆在行驶过程中会遇到各种各样的场景，自动驾驶车辆测试过程中难以覆盖道路上的所有场景。场景复现是一种场景生成方法，复现场景的数据来源于数据场景采集，使场景尽可能地重现真实交通中自然驾驶场景、存在危险隐患的场景、事故场景等。复现场景应在可行的前提下，尽可能高效、准确地反映出潜在风险对自动驾驶汽车的影响。场景数据采集主要使用实车采集、路侧设备采集等方法，但此类方法并不能覆盖所有路上可能遇到的情况。

为了提高场景的覆盖率，需要对已经采集到的场景进行推演归纳处理，从而衍生出更多合理的场景，即场景重构。重构场景不限于采集车所获取的真实场景，通过其他非自然驾驶状态而获得的场景也可以进行场景的演绎归纳。场景重构过程可以根据场景元素的分类与特征，分析不同元素对自动驾驶车辆的影响，基于元素的关联关系或者人工经验等对场景元素进行重新组合，生成新的场景。场景重构过程可能生成现实世界难以发生的场景，需要对场景进行初步测试验证后才能用于自动驾驶车辆的测试研发工作。

场景重构过程中通过推演归纳等生成新的场景，尽量实现覆盖最大化。覆盖最大化包含了全覆盖和伪全覆盖。全覆盖是指在软件测试中实现代码覆盖、条件覆盖等，但是某些软件测试不能达到100%全覆盖测试，即伪覆盖，需要采用特定的方法来尽量达到更高的覆盖率。结合场景库构建与应用分析，可以从以下几个方面提高覆盖率：

1）新颖性覆盖：使用某种度量标准，用来衡量每个新样本与以前所有样本的差别大小。

2）严重程度覆盖：依据场景的严重程度（比如交通事故伤害）进行划分，使选取的场景尽可能覆盖不同类别的场景。

3）已知问题的接近覆盖测试：对于某种已知的问题，当不能再现其出现的场景时，可以通过若干种方式呈现接近于类似的状态进行测试覆盖。

自动驾驶系统可以采用机器学习的算法模型控制车辆，或者用机器学习的方式处理传感器信息。基于机器学习开发的系统测试往往比较困难，原因之一是机器学习系统往往是基于概率统计而不是非0即1的规则判断，其二是这种系统往往内聚在一起，很难进行模块化分析。基于机器学习的系统像不透明的黑盒子，我们无法对其内部机制进行覆盖测试，可以通过覆盖输入参数优化覆盖率。

随着深度学习的发展出现了生成对抗神经网络。对抗网络的工作方式如下：假设已经有了机器学习的分类C（假设C是从图像中标识猫），然后另外创建了一个机器学习的生成器G，它的作用就是生成假的图像猫，用来欺骗C使其分类为猫。随着循环推进，C得到了进化，G的能力也相应得到提高（提高了伪装猫的能力）。目前已经有基于对抗网络应用的实例，比如将对抗网络与递归网络相结合，创建了基于文本描述生成图像的系统。通过语言描述"长着粉红色花瓣和橘黄色雄蕊的花"，对抗网络就会生成黄色花蕊的图像。因此也可以采用上述方式，使用对抗网络，通过类似的语言描述来生成新的基于图像的场景。这种方式对场景建设具有参考意义，比如可以用标签来描述场景中的车辆行为、道路类型、天气情况等，然后利用对抗网络与递归网络生成新的场景。

4.4 场景验证技术

为了确保由分析挖掘生成的测试场景符合客观事实，能够对自动驾驶车辆的安全性、高效性、舒适性等进行考察，需要对初步生成的场景进行试验，验证是否满足相关性、真实性、有效性等要求。试验验证完成后，由专家依据试验结果针对场景进行评审。

4.4.1 场景验证试验

场景验证试验常用的方法有实车验证试验、虚拟验证试验。

基于实车进行场景验证，需要在专业的场地，利用专业的测试设备进行。依据场景参数进行动静态场景要素设定，如图4-4所示。其中，静态环境要素主要包括道路、道路标志、建筑物、固定物体和交通标志牌等，动态环境要素主要包括各类交通参与者，如车辆、行人、可变化的非固定物体等。场景要素设定完成

图 4-4　实车验证试验示例

后，执行场景验证试验，记录相关试验数据，包括交通参与者的类型、位置和速度等。

通过实车进行场景验证的方法，存在成本高、效率低等缺点。随着虚拟测试技术的发展进步，仿真性能不断提高，也可以考虑采用虚拟测试进行场景验证。基于虚拟技术进行场景验证，利用仿真软件构建动静态场景要素，运行仿真测试完成场景验证。如图4-5和图4-6所示，根据测试场景参数，逐一配置生成测试场景用例。执行虚拟场景验证试验，记录相关试验数据。

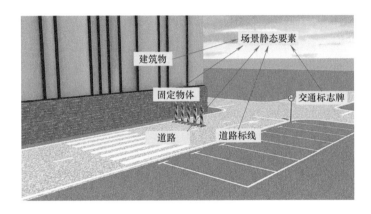

图4-5　静态环境要素示例

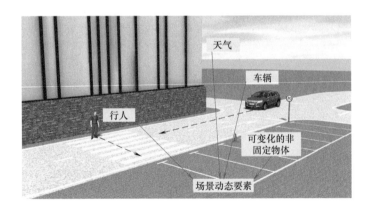

图4-6　动态环境要素示例

4.4.2　场景验证评审

评审是场景验证的重要环节，场景验证试验完成后，由专家根据试验结果针对场景的相关性、真实性、有效性等指标进行评估。

1）相关性主要评估生成的场景是否与被测功能相关。如果生成的场景与当前被测功能不相关，无法通过该场景直接验证或评价待测功能，则该场景不满足相关性要求。

2）真实性主要评估场景是否有可能真实发生，测试场景挖掘构建过程中涉及场景的特征元素组合与人工编辑等，可能存在不符合客观事实的场景。例如某场景在现实中不可能发生，则不满足场景真实性要求。

3）有效性主要评估被测对象与交通参与者是否能够在场景中有效交互。例如障碍车触发过晚，被测对象通过潜在冲突区域时障碍车仍在远处，二者没有合理交互，该场景不满足有效性要求。根据验证试验，通过专家评审的场景，可以归入场景库。

4.5 场景库技术

为了对自动驾驶测试场景进行有效的组织、管理与应用，需要建立相应的场景库系统。场景库是不同场景的集合，每个具体的场景由数据组成。由于数据量级较大，一般通过数据库进行管理，数据库是场景库的数据表现形式。本章节主要阐述场景库相关技术，包括场景库的技术概述、系统架构、数据格式、数据文件接口和数据管理等。

4.5.1 场景库技术概述

场景库技术的研究内容包括对场景数据进行统一的组织和管理以及高效地获取和处理数据，包括增加、修改、删除、分析、理解等操作所需的合理架构及完整数据库解决方案。目前来看，场景库运用的主流数据库技术有三种，分别是以Oracle、SQL Server为代表的传统数据库，以Teradata、Greenplum为代表的大规模并行处理数据库和以Hive、Redis、MongoDB、Neo4j为代表的非关系型数据库。

1）以Oracle、SQL Server为代表的传统关系型数据库，是目前应用范围最广的数据库，几乎任何具有IT基础设施的企业都会用到其中一种或几种。它主要建立在关系模型基础上，通过借助集合代数等数学概念和方法进行场景数据的存储和管理。优点是严格遵循数据库的原子性、一致性、隔离性、持久性等特性，能较好地确保数据的事务处理过程。在传统TB级数据仓库方面，占有很大的市场份额。

2）以Teradata、Greenplum为代表的大规模并行处理数据库，主要面向结构

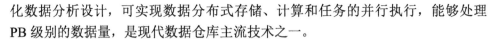

化数据分析设计，可实现数据分布式存储、计算和任务的并行执行，能够处理PB级别的数据量，是现代数据仓库主流技术之一。

3）以Hive、Redis、MongoDB、Neo4j为代表的非关系型数据库，目前以开源社区贡献为主，基本形成了K-V（Key-Value）、列式、文档和图4类，适于存储海量、异构、低价值密度的数据。

场景数据包含大量的结构化、半结构化和非结构化数据，理论上来说，用分布式集群、多种数据库技术并用的方式会是场景库技术的选型方向。场景库技术基本要求有以下几个方面，包括支持PB级以上数据量存储、能够方便地实现数据共享、能够确保所有数据的安全性和可靠性、能够进行高效的检索和数据处理等。

4.5.2 场景库系统架构

1. 场景库系统的物理架构

为了实现场景数据的高效管理，需要选用合理的数据库架构。数据库系统的物理架构主要有集中式和分布式两种。

1）集中式架构的计算和存储是在一套硬件体系内完成的，很容易实现数据一致性，也可通过存储冗余和软硬件结合的高度优化方式，达到较高的可靠性。但集中式架构应对更高性能或更大数据量时，往往只能向上升级到更高配置的机器，如具备更强的CPU、增加内存、扩展存储等。

2）分布式架构具备多个节点，可以通过主备、冗余、哈希等方式实现计算和存储冗余备份，达到场景数据存储的高可用性。但分布式架构最多只能满足数据一致性、可用性和网络分区容忍性三个特性中的两个。

从目前发展来看，场景库只有少量实时数据在线的需求，大部分数据只要确保最终一致性就能满足需求，因此针对核心的指标型数据，建议采用关系型数据库和集中式架构；针对其他数据，建议采用分布式架构。另外，当前各种分布式数据库的评价指标、测试方法和测试工具尚不规范，因此，在进行技术选型或实际使用时，建议进行可靠的数据备份和使用多副本方式进行存储。

2. 场景库系统的逻辑架构

对于场景库系统中的半结构化和非结构化数据，主要以分布式文件存储或分布式对象存储为主，因此，按照业务规则设计好逻辑架构即可。例如根据采集数据的逻辑架构，通过不同传感器的特征数据，对场景进行必要的属性说明，对场景数据进行统一提取与对应。

对于场景库系统中的结构化数据，则需要首先将实体—关系图转化为关系模型，然后转换为特定数据库管理系统支持下的数据模型，最后进行优化。按照

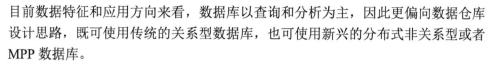

目前数据特征和应用方向来看，数据库以查询和分析为主，因此更偏向数据仓库设计思路，既可使用传统的关系型数据库，也可使用新兴的分布式非关系型或者MPP 数据库。

除了关注数据库的逻辑实现、性能表现外，更要做好数据库备份方案规划和应急处理预案，重视场景数据的安全，确保采集的数据安全、可靠、可用，避免数据丢失或损坏。

4.5.3 场景库数据格式

在数字化场景中，对于场景的描述主要分为两大部分，分别是对于主车的行为描述和对于周围环境的行为描述。

1）对主车的行为描述，定义了无人车自身的形式规划路线。

2）对周围环境描述的范围包括但不限于下列类型：交通灯、静止障碍物、运动障碍物、不同种类障碍物。

数字化场景可以灵活描述主车自身的行为、周围环境的行为以及主车与周围环境的一系列交互关系。对丁场景库的数字化描述，可包含如下部分，具体说明如下：

1. 特征标签申明格式

用于对场景的主要特征进行概要描述，特征可分为三级。以无人车通过有信号十字路口与障碍车为例，一级特征标签为"主车行为＋交通信号灯＋道路＋障碍物"；二级特征标签为"直行＋球形交通信号灯＋十字路口＋移动障碍物"；三级特征标签为"机动车类型障碍物"。

2. 定位信息描述

定位信息包括地图信息、车辆起始位置的描述。地图信息描述了用例所使用的地图编号、道路拓扑等，起始位置描述了车辆在参考地图中的位置。

3. 主车行为模型构建

主车行为模型主要描述车辆的行驶任务。行驶路线设置起点和终点，作为主车的路线规划点。主车在完成路径规划后，进入自动驾驶状态。同时，可以为自动驾驶车辆设定等待、停止等行驶任务。

4. 红绿灯模型构建

红绿灯模型用于声明交通灯对象，根据高精地图可以声明多个对象。红绿灯对象需要设定初始颜色、信号控制器。例如，信号控制器使红绿灯颜色交替变换。

5. 障碍物模型构建

障碍物模型用于声明障碍物对象，可以声明多个对象。障碍物参数必须使用某一类控制器，例如可以使用了速度控制器创建了移动障碍物。除控制器类型的声明外，还要说明的参数有障碍物初始化位置、类型、外形、尺寸大小等。

4.5.4 场景库接口定义

建立场景库的目的是验证智能驾驶系统的软硬件功能和性能。随着智能驾驶系统等级的增高，测试所需要覆盖的场景数量会逐步增加。场景库具有无限性、扩展性、批量化、自动化的特点。要发挥场景的这些特点，就有必要定义场景库的接口。按照一定的格式定义场景库的接口，可以将场景库与测试系统、被测对象解耦，避免场景的重复构建。对同一场景，通过接口参数的调整即可实现场景的拆分重组，提升测试覆盖率。测试过程只需要调用接口，既可以简化场景测试的过程，又能提升测试效率。

自动驾驶的测试场景基于数据库接口主要包括4大类要素，即"路""人""车"和"交通环境"。

1)"路"是指路网，通常为高精度结构化路网。

2)"人"是指自动驾驶控制中心。

3)"车"是指自动驾驶系统所控制的主车。

4)"交通环境"是指可能影响主车运行的交通环境，如目标车、行人、信号灯控制、天气等。

1. 路网接口定义

路网是场景库的基础，场景的定义依赖于具体的路网。通常，场景库中涉及的路网为高精度路网，也可称之为高精度地图。高精度路网包含了大量驾驶相关信息，包括路网的精确三维表征、信号灯信息、道路限速信息等。常用的路网接口定义形式主要有 OpenDRIVE 格式和 RoadXML 格式。此外，百度 Apollo 基于 OpenDRIVE 的标准做了部分改动和扩展。

OpenDRIVE 是一种开源的道路网逻辑描述的文件格式。其结构层级最多可分为 8 层，上 3 层的数据结构见表 4-1。

表 4-1 OpenDRIVE 路网上层结构

结构名称	层级	父级	解释
OpenDRIVE	0	—	—
I -header	1	OpenDRIVE	文件头标签，包含版本属性
II -geoReference	2	header	参考地理坐标系
I -road	1	OpenDRIVE	道路接口描述
II -link	2	road	道路连接

（续）

结构名称	层级	父级	解释
II -type	2	road	道路类型，如机动车道、人行道
II -planView	2	road	道路几何轨迹，如直线、弧线等
II -elevationProfile	2	road	道路海拔高度
II -lateralProfile	2	road	道路横向轮廓
II -lanes	2	road	车道定义
II -objects	2	road	道路目标物描述
II -signals	2	road	交通信号描述
II -surface	2	road	道路路面描述
II -railroad	2	road	铁路描述
I -controller	1	OpenDRIVE	控制器，用于控制信号灯等
II -control	2	controller	控制对象描述
I -junction	1	OpenDRIVE	交叉路口
II -connection	2	junction	交叉路口连接描述
II -priority	2	junction	优先级
II -controller	2	junction	交叉路口的控制器
I -junctionGroup	1	OpenDRIVE	交叉路口集，如环岛
II -junctionReference	2	junctionGroup	交叉路口集中引用的交叉路口
I -station	1	OpenDRIVE	车站，如公交车站
II -platform	2	station	站台描述

　　从 OpenDRIVE 路网拓扑可以看出，其顶层主要有道路（road）、控制器（controller）、交叉路口（junction）和交叉路口集（junctiongroup）等组成。图 4-7a

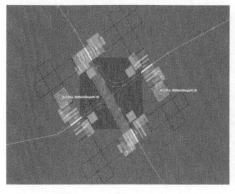

a)

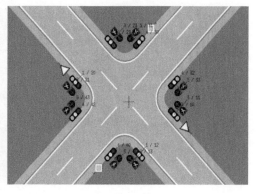

b)

图 4-7　OpenDRIVE 交叉路口示例

为 OpenDRIVE 标准中定义的 junction 场景，图 4-7b 为通过 VTD 仿真器构建的高精度十字路口。

OpenDRIVE 本身设计面向的应用是仿真器，并没有提供自动驾驶所需的其他更多信息。百度 Apollo 基于 OpenDRIVE 格式改动和扩展了以下几个方面：

1）地图元素形状的表述方式。以车道边界为例，标准 OpenDRIVE 采用基于 Reference Line（参考线）的曲线方程和偏移的方式来表达边界形状，而 Apollo 高精度地图采用绝对坐标序列的方式描述边界形状。

2）元素类型的扩展，例如新增了对于禁停区、人行横道、减速带等元素的独立描述。

3）扩展了对于元素之间相互关系的描述，比如新增了 junction 与 junction 内元素的关联关系等。除此之外，还有一些配合无人驾驶算法的扩展，比如增加了车道中心线到真实道路边界的距离、停止线与红绿灯的关联关系等。改动和扩展后的地图格式在实现上更加简单，也兼顾了自动驾驶的应用需求。

RoadXML 是 1994 年由法国标致雪铁龙、雷诺等几家学术和工业伙伴开发的用于描述道路逻辑的标准格式，用于增强模拟器之间的互操作性。RoadXML 解决了智能驾驶仿真应用中的几个关键问题：交通参与物描述、仿真场景的控制、车辆动力学建模、声音控制与三维路网生成。

RoadXML 对交通环境提供了多层描述，用于实时应用程序的快速数据访问，例如图 4-8a 所示。以下是 4 个主要层次的信息：

1）拓扑层：描述元素在路网中的位置和连接关系。

2）逻辑层：描述元素在道路环境中的意义。

3）物理层：描述元素的属性（路面或障碍物）。

4）可视化层：描述元素的几何形状和三维表征。

目前 SCANeR 采用 RoadXML 格式用于设计仿真场景，如图 4-8b 所示。

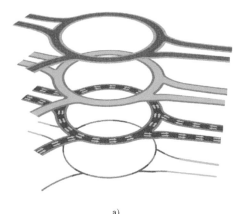

a)   b)

图 4-8 RoadXML 路网层次与应用效果

2. 驾驶人接口定义

驾驶人接口定义了不同类型的驾驶人对相同场景执行超车、变道、加减等操作的主观行为。通常，驾驶人接口模型可设置为默认、舒适、迟疑、激进等类型，具体可依据测试需要调整相应的参数。可调整的参数包括期望速度、期望加速度、期望减速度、转弯行为、遵守限速意愿、行车距离控制、车道保持、速度保持、变道频率、变道速度、紧急工况反应速度等。在自动驾驶测试过程中，主车驾驶人的角色可以被自动驾驶的控制算法替代。

3. 车辆接口定义

场景中车辆接口定义的主要目的是配置主车。如图4-9所示，场景库中车辆接口定义包括车辆外观、车辆运行场景和其他车辆模型说明信息。车辆接口定义中，车辆动力学模型对场景测试的影响较大。理论上车辆动力学模型的运行机理与对应的实车拟合度越高，场景测试的结果置信度越高。但是提高模型的拟合度会增加车辆动力学模型的复杂度，可能影响模型的运行效率。

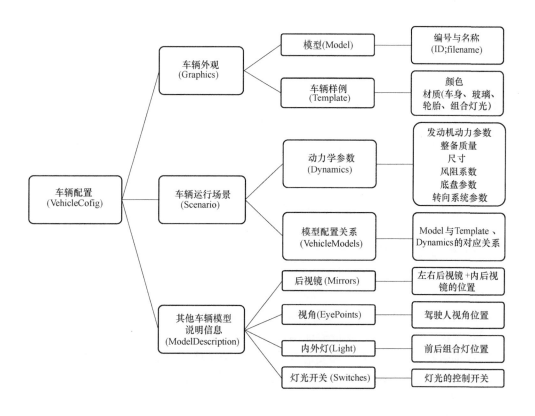

图4-9　车辆接口定义示例

4. 交通环境接口定义

交通环境接口可拆分为交通流控制接口、移动目标控制接口、行人目标接口、交通灯控制接口和天气接口5大类。交通流控制接口定义了宏观的交通流拥挤状态、车辆数量、车辆基本形状、变道行为等信息。移动目标控制接口定义了特定目标的类型、尺寸、形状、移动路径、速度等信息。这些移动目标的类型可以是车辆、非机动车、动物或其他不明物体。行人目标接口定义了行人的外形、动作、速度、方向、姿态等信息。交通灯控制接口定义了基于指定事件触发的交通控制信号。天气接口定义了晴、阴、雨、雪等天气信息。

4.5.5　场景库管理

1. 场景库的基本管理

场景库的基本管理包括场景库监控、场景库维护、日常维护和问题管理等。

1）场景库的监控内容包括查看数据库日志，检查已有的场景数据中是否有失效的数据库对象，查看数据库剩余空间，重点表检查，查看数据库是否正常，死锁检查以及监控数据库操作语句的执行等。

2）场景库的维护内容包括页面修复、数据库对象重建、碎片回收、删除不用的数据、备份修复、历史数据迁移、定期修改密码及删掉不必要的用户等。

3）日常维护和问题管理内容包括场景库环境、系统、运行过程中出现的所有故障维护记录及日志的管理。

2. 场景库的安全管理

场景库面临的安全风险主要来自于外部威胁、内部威胁和合作伙伴三个方面。

1）外部威胁主要为黑客，利用数据库本身的安全漏洞对数据库进行攻击。

2）内部威胁主要为企业的系统管理人员、内部员工，利用数据库的一些不合理配置、缺少监控及管理流程漏洞来窃取公司私密信息。

3）以合作伙伴系统为跳板，针对敏感数据的保护不足例如：滥用过高权限，滥用合法权，权限提升，身份验证不足等进行安全威胁。

在部署数据库系统时，需要进行数据库安全管理，包括系统自身安全、连接认证、授权和控制、敏感数据保护、实时监测和安全审计等。

3. 场景库的优化管理

（1）优化策略

1）硬件优化策略。在场景库的优化过程中，响应时间是其优化性能的重要指标参数之一，此外，还要提高数据运行效率，从而全面提升场景库的使用性能。为实现这一目的，要对系统软硬件进行同时优化。在确保硬件资源空间充足的情况下，改善管理软件性能，提高场景库运行效率。根据具体优化方案实现对硬件系统的优化。场景库管理人员应养成良好的硬件优化习惯，通过提升硬件系统的运行质量，改善场景库运行环境。

2）系统优化策略。主要针对共享内存和信号等方面进行优化。在场景库的运行过程中，表结构优化需要结合实际情况来看怎么设计更加合理，可通过优化 SQL 语句、分区分表、优化索引、活跃数据分离以及读写分离等方法实现。

3）性能优化策略。除了上述优化方法外，还可以通过合理设置数据库参数、合理分配内存空间、降低数据段碎片数量等方法，提升场景库的使用性能。

（2）优化方法

数据库的逻辑配置对数据库性能有很大的影响。为了能够在场景库中高效自由地分布逻辑数据对象，首先要根据数据库中的逻辑对象的使用方式和物理结构对数据库的影响来对其进行分类。这种分类包括将系统数据和用户数据分开、一般数据和索引数据分开、低活动表和高活动表分开等。

充分利用数据库系统的缓存区，用户的进程对这个内存区发送事务，并且以此作为高速缓存读取命中的数据，以实现加速的目的。数据库系统缓存区大小的正确与否对数据库的性能至关重要。

规范与反规范设计场景库时，对于频繁访问但不频繁修改的数据，内部设计应当物理不规范化；对于频繁修改但并不频繁访问的数据，内部设计应当物理规范化。

优化方法还包括合理设计和管理活动表、优化索引、多 CPU 和并行查询方式的利用、实施系统资源管理分配计划、对场景库的连接使用 SQL 优化、充分利用数据的后台处理方案以减少网络流量等。

4. 场景库的更新管理

（1）场景库的更新思路。在对自动驾驶汽车进行测试的过程中，需要从场景库中调取相应的场景。如果该场景在数据库中存在，就直接调用；如果不存在，则需要添加新的场景。随着自动驾驶技术的不断升级和完善，需要随时加入新的场景，以提高场景库的安全性和鲁棒性。

（2）场景库模型更新流程。场景（即模板实例）主要由路面模型、景物模型和天空模型等构成。场景数据由特征参数和模板组成。模板是抽象框架，模板实例是具体模型，模板与实例对应关系示例如图 4-10 所示。模板实例描述的是场景建模的最终设计结果，是通过对抽象模板指定参数来产生的。模板是抽象的，描述的只是某一类型场景的架构，并不是一个具体的模型实例，因此需要对属性赋予具体的属性值，实现模板实例化，得到模板个体，最终完成场景建模。模板经过指定参数后即得到实例，它们在层次上是一一对应的。

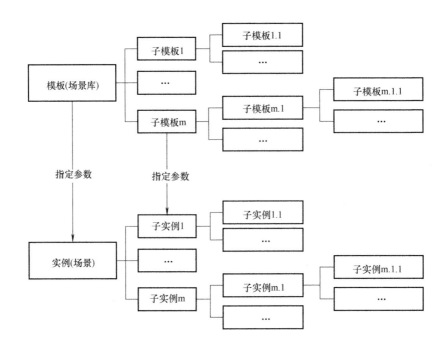

图 4-10　模板与实例的对应关系示例

场景库更新流程示例如图 4-11 所示，具体流程如下：

1）输入场景建模需求：系统读入并处理用户的场景建模要求，转化成可量化的参数。

2）查询场景库模型方案：根据上一步的场景建模需求查询场景库，若存在相同场景模型，则直接输出该场景模型，建模结束。若没有完全符合的场景模型方案，则需进行基于模板和实例推理的场景建模。

3）提取场景：对场景库进行场景检索，提取出最相似的场景作为后续场景建模的基础。

4）场景修改：对检索出的场景进行检查，将其与实际场景建模需求进行比较，找出与需求不符合的地方。如果是特征参数，则需要找出其所属的模板；如果是某个基本模板不符，则直接根据实际需求进行修改。

5）保存场景模型：经过修改后，可以将满足需求的场景模型保存。

6）加入场景库：把有价值的新场景模型加入场景库，逐步完善场景库。

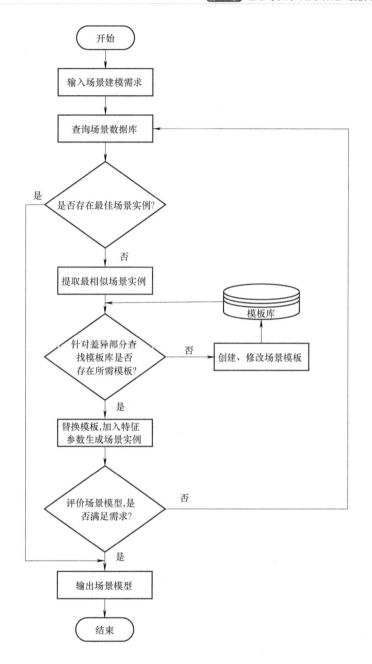

图 4-11 场景库更新流程示例

场景构建是自动驾驶车辆场景测试的重要环节，其关键技术主要包含场景构建流程、场景数据采集、场景分析挖掘、场景验证与场景库技术。其中，场景数据采集能够获取大量的道路交通场景数据，为场景构建提供真实的数据支撑；场景分析挖掘能够确定关键的交通场景，提高场景构建的效率及完整性；场景验证针对场景的相关性、真实性和有效性进行评估，提高场景构建的可靠性；场景库技术针对海量场景数据进行高效管理，提高场景的应用性。在场景构建过程中，仍有诸多课题需要深入研究，例如场景数据采集的量级、关键场景及参数的分析挖掘方法、场景自动化重构等。此外，自动驾驶测试技术更新迭代快，场景构建的流程方法也需要不断优化，有待持续探索。

本章参编人员

张钏　陆军琰　罗悦齐　周亦威　邢亮　王宝宗　宝鹤鹏　李英勃　连晓威
李洋　何鋆　文谢　张宇飞　黄利权

参考文献

［1］　全国汽车标准化技术委员会.汽车电气设备基本技术条件：QC/T 413—2002［S］.北京：中国标准出版社，2002.

［2］　Robert K，Julian B，Laurent K.，Lutz E.，The high D dataset：a drone dataset of naturalistic vehicle trajectories on German highways for validation of highly automated driving systems.［J/OL］.（2018.10.11）［2019.6.2］.https：//arxiv.org/abs/1810.05642.

［3］　李林，练金，吴跃等.基于概率图模型的图像整体场景理解综述［J］.计算机应用.2014，34（10）：2913-2921.

［4］　唐诗.基于车载视频的道路车辆及行人检测［D］.成都：电子科技大学，2018.

［5］　YUAN G，XIA S，ZHANG L，et al. An efficient trajectory-ciustermg algorithm based on an index tree［J］.Transactions of the Institute of Measurement and Control，2012，34（7）：850-861.

［6］　HELLO WORD.三大主流关系数据库 Oracle、DB2 和 SQL Server 之间的比较.［EB/OL］.（2010.5.23）［2019.6.2］.http：//blog.sina.com.cn/s/blog_62b1508e0100i5zk.html.

［7］　孙燕.面向冗余的分布式系统可靠性的设计与实现［D］.保定：河北大学，2003.

［8］　Marius Dupuis，Esther Hekele，Andreas Biehn e.a.OpenDRIVE Format Specification［EB/OL］.（2019.2.17）［2019.6.2］.https：//www.asam.net/standards/detail/

opendrive/.

［9］ RoadXML community，The open format for road networks ［EB/OL］.（2016.6.11）
［2019.6.2］.https：//www.road-xml.org/index.php/features.

［10］ 杨博凯.Oracle 数据库日常维护与优化的思考［J］.信息与电脑，2018（8）：185-
186.

［11］ 刘清.汽车模拟驾驶中道路场景的建模与管理［D］.武汉：华中科技大学，2012.

第5章 自动驾驶测试场景应用关键技术

本章关注于场景应用相关的关键技术，首先介绍了测试的一般概念和基于场景的测试中对场景的要求，并分别从仿真测试和实车测试两个方面介绍了场景在其中的应用，讨论了常见 ADAS 功能的测试场景以及主要试验场地能提供的测试场景。最后，基于商用车应用的特殊性，介绍了对于商用车在港口园区和矿区应用重要场景的应用及其特点。

5.1 场景与测试

测试是场景应用的手段，本节首先分析测试的一般概念，沿用国际软件测试资质认证委员会（International Software Testing Qualifications Board，ISTQB）推荐的测试理论，并通过分析该理论对于测试的分级方式，分析测试场景的应用方式，指导本章后续内容的研究。

5.1.1 测试的一般概念

各类测试，包括仿真测试和半实物测试，担负着检验系统功能性、逻辑性以

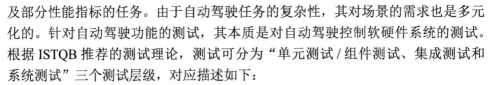

及部分性能指标的任务。由于自动驾驶任务的复杂性，其对场景的需求也是多元化的。针对自动驾驶功能的测试，其本质是对自动驾驶控制软硬件系统的测试。根据 ISTQB 推荐的测试理论，测试可分为"单元测试 / 组件测试、集成测试和系统测试"三个测试层级，对应描述如下：

（1）单元测试 / 组件测试

在独立可测试的软件中（模块、程序、对象和类等），通过组件测试发现缺陷，以及验证软件功能。根据开发周期和系统的背景，组件测试可以和系统的其他部分分开，单独进行测试。组件测试可能包括功能测试和特定的非功能特征测试，比如资源行为测试或健壮性测试和结构测试。

（2）集成测试

集成测试是对组件之间的接口进行测试，以及测试一个系统内不同部分的相互作用，比如操作系统、文件系统、硬件或系统之间的接口。对于集成测试，可以应用多种集成级别，也可以根据不同的测试对象规模采用不同的级别，比如：

1）组件集成测试对不同的软件组件之间的相互作用进行测试，一般在组件测试之后进行。

2）系统集成测试对不同系统或软硬件之间的相互作用进行测试，一般在系统测试之后进行。在这种情况下，开发组织 / 团体通常可能只控制自己这边的接口，这就可能存在风险。按照工作流执行的业务操作可能包含了一系列系统，因此跨平台的问题至关重要。集成的规模越大，就越难在某一特定的组件或系统中定位缺陷，从而增加了风险并需花费额外的更多时间去发现和修理这些故障。

（3）系统测试

系统测试关注的是在开发项目或程序中定义的一个完整的系统 / 产品的行为。在主测试计划和 / 或在其所处的测试级别的级别测试计划内应该明确测试范围。在系统测试中，测试环境应该尽量和最终的目标或生产环境相一致，从而减少不能发现和环境相关的失效的风险。系统测试可能包含基于不同方面的测试，如基于风险评估的、基于需求规格说明的、基于业务过程的、基于用例的、基于其他对系统行为的更高级别描述或模型的、基于与操作系统的相互作用的或基于系统资源等的测试。

5.1.2　基于场景的测试

基于场景的自动驾驶测试任务涉及的测试层级主要集中在系统层面，即主要关注的是在开发项目中定义的一个完整的系统 / 产品（自动驾驶系统 / 产品）的行为。

根据 ISTQB 对测试依据的描述可知，系统测试的依据有系统和软件需求规格说明、用例、功能规格说明和风险分析报告。据此，可以基本明确，每一个场景都应该是需求、功能规格或者风险报告中各条款的任务分解。

对场景要素进行分解、扩充，可以总结出构建一个场景所需的相关参数，包括路网拓扑结构、道路几何特征、道路物理特性、车道线特征、交通标识牌、周边环境特征、气象特征、交通参与者特征，共计八个主要参数。

参照针对总重不超过 3.5t 八座乘用车，以安全相关电子电气系统特点所制定的道路车辆功能安全国际标准 ISO 26262 中 9.4 节需求和建议对用于测试的场景的要求，用于最后系统级仿真测试的场景必须包含：

1）前提条件和配置，如果一个完整的工作产品验证可能的配置，如系统的变量，是不可行的，必须选择一个合理的子集，例如最小或最大功能系统的配置。

2）输入数据、时间序列和它们的值等。

ISO 26262 中涉及的"前提条件和配置"要求主要表现为对上述八个主要参数的选择，即根据不同的测试任务需求，选择不同的参数组合，例如当测试需求为验证自动驾驶系统在复杂路网结构下的路径规划能力，路网拓扑结构、车道线特征、交通标识牌、周边环境特征、交通参与者特征将作为一个可执行测试场景的主要参数，同时道路几何特征、道路物理特性、气象特征在此需求中并无特殊要求，可不予重点考虑。

同时，ISO 26262 中明确，必须包含输入数据、时间序列的要求，主要表现为在确定各种需要配置的参数输入后，对主要参数的详细配置。

基于上述讨论，我们认为能够直接指导包括仿真测试在内的测试场景必须满足以下四点需求：

1）场景本身的表达形式需要具备良好的机器可读性。

2）场景参数建议以状态空间中参数范围的形式表达。

3）科学地选取场景参数状态空间中的参数，以及定义参数的可接受范围。

4）尽可能多、尽可能密集地覆盖整个场景状态空间的参数取值区间。

首先是"场景需具有良好的机器可读性"，根据美国兰德智库报告，想要较为充分地验证无人驾驶算法的可靠性，必须经过 110 亿 mile 的实车验证。传统测试由于受到时间、空间以及成本的限制，是无法完成的。可行的验证方案为：仿真测试结合实车测试。仿真测试作为在计算机中运行的测试方法，其对此需求的迫切性不言而喻。实车测试场景也需要"具有良好的机器可读性"，这与仿真测试原理相同，虽然自动驾驶以仿真测试为主，但是实车测试的工作量相比于传统车辆的验证也有本质上的增加。某车企对于"部分工况下主动换道功能"的实车验证中，其里程需要达到 1000 万 mile（约合 1600 万 km，此里程数已经远超传统实车测试所有功能的验证），对于处理这 1600 万 km 的场景数据，借助人工完成是几乎不可能的。综上，无论是仿真测试还是实车测试，测试场景都必须具有良好的机器可读性。

其次，针对"场景参数建议以状态空间中参数范围的形式表达"，前文已经阐述，由于场景参数较多，且参数的处理是通过机器实现的，所有场景参数的表示方法需要适应时间域、多参数、多状态的特征。而状态空间由于采用矩阵表示，当状态变量、参数变量或输出变量的数目增加时，并不增加系统描述的复杂性，且作为时间域方法，很适合用机器来计算，其揭示系统内部变量和外部变量间的关系的能力，对于找出过去未被认识的系统的许多重要特性具有重要意义。所以，结合场景本身具有的复杂性，场景参数的表达采用状态空间中参数范围的形式对于场景的描述具有较强的现实意义。

再次，针对"场景参数状态空间中参数的选取"，在执行阶段，为了满足ISO 26262 中对测试用例必须包含"输入数据、时间序列"的要求，同时也是为了保证场景的可复现性及可量化性，只能由一组确定的参数准确地描述一个可供测试用场景。此时就涉及状态空间如何取值的问题，状态空间中单个值的确定，需要考虑系统设计运行域（ODD），以及针对系统设计运行域的取值范围采用如边界值、特征值等参数设计方法，还需要考虑该参数与其他参数的影响。

最后，为了实现验证的充分性与完整性，场景参数需在取值范围内尽可能多、尽可能密集地遍历。

5.2　仿真测试中的场景应用技术

5.2.1　仿真测试的必要性

自动驾驶仿真测试指通过传感器建模、车辆动力学仿真建模、高级图形处理、交通流仿真、数字仿真、道路建模等技术模拟车辆行驶环境，在虚拟环境中来检测自动驾驶系统功能和性能有效性和可靠性。一定程度上来说，虚拟仿真测试是真实路测的有效补充，有助于提升自动驾驶测试速度，有效解决极端行驶条件下安全测试的实现问题。仿真测试有如下优点：

（1）测试场景丰富

仿真测试能够模拟自然驾驶场景和危险驾驶场景，可实现更丰富的场景，可以模拟高速公路、城市道路、园区道路、农村道路等自然驾驶场景，同时也可以模拟暴风雪环境、沙漠环境，日出日落时耀眼的阳光，薄冰下的高速公路等各种危险的驾驶场景，可以提高自动驾驶汽车功能开发测试的全面性。

（2）测试高效

相比于道路测试的低效率和高成本，仿真测试可快速搭建测试场景，加快测试时间，缩短产品开发周期。同时在实际道路测试的过程中，危险、复杂工况测试难以实现且一致性无法保证，而仿真测试可以快速地搭建各种危险、复杂场景，并且可以进行重复测试。

因为模型保真度的问题，仿真测试不能完全替代道路测试，自动驾驶测试需保证虚拟世界和现实世界的紧密结合。但是，仿真测试对于控制策略算法开发具有指导意义，通过仿真测试可排除算法开发中存在的问题，并可进行功能测试验证，还可验证算法是否正确；对于道路测试中的问题，可以使用仿真测试反复验证完善，对该测试问题形成闭环。

5.2.2 仿真测试场景基本要素

仿真测试场景主要分为自然驾驶仿真场景和事故重现仿真场景，仿真场景构建中需对静态要素和动态要素提出相应要求，以保障场景构建的合理性。

1. 仿真测试场景的特点

（1）自然驾驶仿真场景

自然驾驶仿真场景是指将自动驾驶车辆在自然交通环境中所采集到的数据加工而成的场景的总称，驾驶模式可以分为开环和闭环两种模式。开环是指由驾驶人操控车辆但是所有传感器以及软件模块全部开启的驾驶模式；闭环是指由自动驾驶软件操控车辆，驾驶人双手仅虚放在方向盘上的驾驶模式。

场景的运行模式方面，目前主要有两种模式：

1）真实场景重现模式：让所开发的决策规划算法在这个场景中依然能沿着道路轨迹行驶，周围的障碍物也与当时路上的一模一样，然后观察新的规划轨迹线是否正确。这种方法的优势是能完全还原当时驾驶环境下的全部场景，但劣势也很明显，在这种方法中，仅能观察规划的轨迹线，测试内容比较有限。

2）场景重构模式：对场景进行重构，让所开发的决策规划算法完全控制车的行驶。这种方法的好处是新的模块控制的车辆形成了闭环，能够对其施加各项交规检查，可提前发现更多问题。劣势是由于新的决策规划控制模块使用的速度或者策略与路上的会有差异，因此导致这种运行模式几乎无法复现当时行驶状态的场景，车辆运行的合理性需进一步论证。

（2）事故重现仿真场景

通过研究交通事故的特点及技术迭代使汽车安全性能不断提升。随着仿真技术的发展，交通事故已经可以使用科技的手段进行重现，逐步衍生出了事故重现仿真场景。

事故重建仿真场景是依据真实交通事故而搭建的虚拟仿真场景，事故重现仿真场景与其他场景相似但又略有不同，因为碰撞时车辆的形态各不相同，通常会

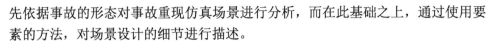

先依据事故的形态对事故重现仿真场景进行分析，而在此基础之上，通过使用要素的方法，对场景设计的细节进行描述。

事故重现仿真场景的特点：

1）真实事故是检验车辆安全的最后一道屏障，也是至关重要的一个环节，基于事故的重现仿真场景是自动驾驶安全性测试中必备的测试。

2）数据采集困难大，事故的偶发性决定了采集一起完整的交通事故信息较为困难，而在此基础之上设计、搭建一个完整的事故重现仿真场景的难度也将增加，这也导致了重现仿真场景的稀缺性。

3）仿真场景重现需要大量基础知识积累，事故重现不仅需要事故现场勘察、车辆痕迹鉴定等方面的知识，还需要车辆动力学、车辆运动学以及碰撞力学的知识，与其他场景的采集方式有较大不同。

2. 场景要素描述及规范

按照相对大地的移动特性，场景要素分为静态场景要素和动态场景要素两类，由静态特征的道路、设施等与动态特征的气象（天气、光照）和交通流（交通车、行人和非机动车辆）等组成，而每一个要素又具体包含几何属性（如大小、形状和位置等）、物理属性（如速度、方向、反射率、物理形态、疏密度等）和图像属性信息（如表面不平度、纹理、材质等）等，具有无限丰富、非常复杂和强不确定性的特点。

（1）静态要素描述和建模

场景静态要素主要由道路设施要素组成，包括路网拓扑结构、道路几何特征、道路表面材质、车道线、路面标识、交通灯牌、街边建筑、特殊部分（慢车道、施工、匝道、桥梁、隧道）等部分，见表5-1。

表5-1 场景静态要素属性

静态要素	属　　性
路网拓扑结构	道路数目、道路编号、交叉口
道路几何特征	起点/终点、车道数、车道宽、曲率半径、坡度
道路表面材质	材料、粗糙度、纹理、反射特性
车道线	线型、宽度、颜色
路面标识	交通标志、标线
交通灯牌	朝向、位置、信息、切换时间
街边建筑	物质、尺寸、表面属性
特殊部分	慢车道、施工、匝道、桥梁、隧道

静态要素主要采用几何建模和物理建模的方法。

1）几何建模就是用多边形构成对象的立体外形，并用三维世界的点来描述它在世界坐标系中的位置。三维图形需要包含以下信息：

① 几何信息，包括对象的一些具体的几何形状。为方便碰撞检测，一般可抽象出图形的包围盒。

② 位置信息，三维对象的局部坐标系在世界坐标系中的位置以及三维对象的方向向量、纹理坐标等。

2）物理建模就是在几何建模的基础上进行纹理、材质、光照、颜色等处理，以实现模型的真实感。对于纹理、材质、光照、颜色等方面的属性开发形成常用属性的资源库。模型再经过反走样、广顺、融合等一些图像处理步骤，形成真实的质感。

以百度的仿真系统为例，其支持对于道路的建模，主要的方法是采用webGL渲染高精地图的信息，从而绘制不同拓扑结构的道路以及车道线等。

其他静态要素：道路表面材质、路面标识、交通灯牌、街边建筑、特殊部分在仿真软件中均可实现模拟真实的道路场景，形成如交通标志、道路状况、道路周围环境、道路的曲率半径等静态条件的智能网联汽车虚拟测试场景，如图5-1所示。

图 5-1　基于 Panosim 仿真平台的场景建模

（2）动态要素描述和建模

场景的动态要素主要由气象（天气、光照）和交通流（交通车、行人和非机动车辆）组成，见表5-2。

动态要素在利用几何建模和物理建模实现其三维特征后，还需进行行为建模。行为建模是要赋予动态要素一些符合物理规律的行为能力。首先要根据给定的几何模型建立合适的数学模型，根据运动对象在某一时刻的运动参数值，通过矩阵变换实现运动的数据驱动仿真，通过计算确定物体的空间位置，显示效果。

例如，在 CarMaker、VTD、Panosim 中实现动态驾驶任务：起步、停车、跟车、变更车道、路口左转弯、路口右转弯、直行通过路口、直行通过斑马线、靠边停车、会车、通过环岛、通过立交桥主辅路行驶、通过学校区域、通过隧道和桥梁、通过泥泞山路和急转弯山路、超车、夜间行驶、倒车入库、侧方停车、通过雨区道路、通过雾区道路、通过湿滑路面和避让应急车辆等。

表 5-2　场景动态要素属性

动态要素		属性
气象	光照	强度、颜色、方位
	雾/霾	包络范围、湿度、密度、反射衰减
	雨雪	降水量、湿度、反射衰减
	风	强度、方向
	云	位置
交通流	交通特性	密度、流、速度、人车分布
	交通车	交互动态、习性、表面属性
	行人	行为动态、习性、表面属性、动作姿势

5.2.3　仿真测试场景用例设计和案例

测试用例主要分为三类：标准测试用例、标准扩充测试用例和设计测试用例。依据环境信息、本车信息、交通参与者信息、道路交通信息，结合交通参与者与本车位置关系信息的各种要素进行随机组合生成各种功能场景类型。

驾驶场景在开发过程中有不同的内容和表现，场景的概念性描述使用了高度抽象的自然语言，也就是功能场景描述。某高速公路场景开发的功能场景见表 5-3。

表 5-3　某高速公路场景开发的功能场景定义

状态或信息	描述
本车状态	本车在中间车道加速向目标车接近
道路交通信息	三车道高速路段，限速为 120km/h
交通参与者信息	目标车在本车前方缓慢前行
环境信息	晴天

编写程序依照场景标注的结果进行场景原始数据的提取并做格式化存储，形成完整的逻辑场景。为了满足技术开发、测试用例生成的需求，需定义逻辑场景。逻辑场景是现实驾驶场景在参数空间的复现，在逻辑场景中，场景以统一参

数范围进行表述和组织。在高速公路场景开发中逻辑场景见表5-4。

表5-4 在高速公路场景开发中逻辑场景定义

状态或信息	描述	
本车状态	车速	［0，130］km/h
	加速度	［-4，2.5］m/s²
	转向灯信号	［-1，1］
	行驶车道	［-3，3］
道路交通信息	道路类型	［次干道，快速路，高速］
	车道线类型	［白色虚线，双黄线］
	限速标志	［30，120］km/h
交通参与者信息	类型	［行人，载货车］
	速度	［0，135］km/h
	加速度	［-3，3］m/s²
	相对纵向距离	［0，120］m
环境信息	天气情况	［下雨，晴朗，大雾……］
	温度	［-23～40］℃
	光照	［0，600］lx
	……	

测试用例用于描述实际测试场景，包含指导虚拟、实际场地测试所有必需的信息，能够清晰地表达测试场景，且不存在理解的不确定性。在某高速公路场景开发中测试用例见表5-5。

表5-5 某高速公路场景开发中测试用例定义

状态或信息	描述	
本车状态	车速	110km/h
	加速度	0.5m/s²
	转向灯信号	左
	行驶车道	0（中间车道）
道路交通信息	道路类型	高速公路
	车道线类型	白色虚线
	限速标志	120km/h
交通参与者信息	类型	轿车
	速度	120km/h
	加速度	［-3，3］m/s²
	相对纵向距离	60m

（续）

状态或信息	描述	
环境信息	天气情况	晴朗
	温度	26℃
	光照	400lx
	......	

以现阶段较为成熟的 ADAS 功能自适应巡航控制（简称 ACC）测试用例为例进行说明，如图 5-2 所示。参照 ISO-15622 和 ISO-15623 等相关标准，设计 ACC 测试用例。ACC 测试分为直线测试和弯道测试，直线测试场景根据有无目标车和目标车的行为，分为无目标车、目标车低速行驶、目标车减速、干扰目标车模拟、目标车切入五种场景；弯道测试根据道路曲率和目标车行为分为六种测试场景。在 ACC 参与车辆控制的过程中，对主车的加减速度、跟车时距等做出了相应规定，用于测试结果判定。

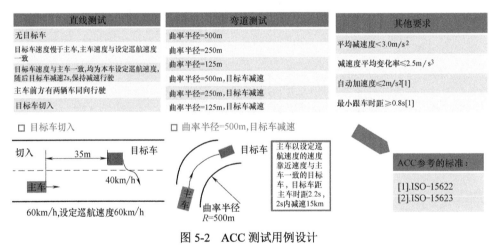

图 5-2　ACC 测试用例设计

1. 现有国内外的典型场景用例

目前根据国家相关政策，在自动驾驶车辆正式开展公开道路测试之前，测试车辆必须在封闭环境验证表 5-6 罗列功能的测试，而这些功能在前期开发中可以借助仿真进行研发。

表 5-6　自动驾驶公开道路测试功能要求（部分）

信号灯分辨	前车运动状态分辨
障碍物分辨	行人和非机动车分辨
跟车	靠边停车

（续）

信号灯分辨	前车运动状态分辨
超车	并线
通过十字路口	自动制动（Autono mous Emergency Braking，AEB）
驾驶人接管	车道线分辨

美国高速公路管理局（National Highway Traffic Safety Administration，NHTSA）认为自动驾驶汽车应当具备应对表5-7所列场景的能力。

表5-7　NHTSA测试场景（部分）

序号	场景	序号	场景
1	检测并分辨速度标识	7	静止车辆分辨
2	高速并线	8	他车变道行为分辨
3	低速并线	9	本车道障碍物检测
4	靠边停车	10	交通信号分辨
5	对向车辆行驶状况分辨	11	十字路口通行
6	跟车	12	让行弱势交通参与者

此外，NHTSA每年发布典型的事故场景统计，据2015年的数据，有四种事故场景是最常见的，分别是：追尾（29%）、路口事故（24%）、冲出道路事故（19%）、变道引发事故（12%）。针对这些数据，Waymo设计了一些测试场景来对车辆进行测试。其中针对追尾事故，Waymo进行了以下测试用例的设计（见表5-8）。

表5-8　追尾工况测试场景（部分）

	1. 前方车辆静止
	2. 前方车辆抛锚
	3. 前方车辆低速缓行
	4. 前方车辆加速
追尾	5. 前方车辆并入、驶出本车道
	6. 前方车辆减速
	7. 前方车辆掉头
	8. 前方车辆停车

梅赛德斯—奔驰在仿真测试中将简单的场景复杂化，以达到充分运用仿真测试的优势来实现测试其自动驾驶系统的目的，见表5-9。

表 5-9 梅赛德斯—奔驰测试场景（部分）

测试场景	设计场景
跟车	拥堵情况下，前车未制动
切入	并入车辆紧急制动，无避让空间
切出	前车在即将碰到障碍物时变道

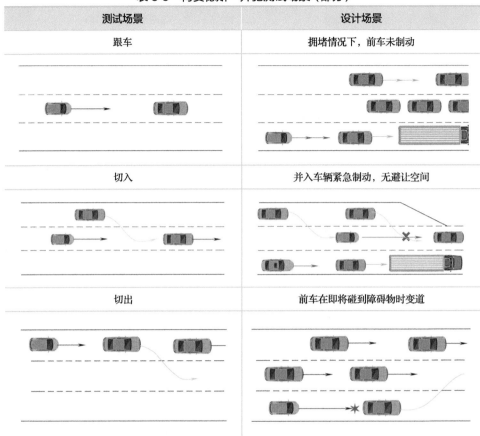

2. 低级别自动驾驶的场景用例划分

仿真场景可划分为自然驾驶场景、危险工况场景、标准法规场景、参数重组场景四类，包括不同自然条件（天气、光照等）、不同道路类型（路面状态、车道线类型等）、不同交通参与者（车辆、行人位置、速度等）、不同环境类型（高速公路、小区、商场、乡村等）在内的多类型虚拟仿真测试用例。

（1）自然驾驶场景

自然驾驶场景来源于采集的驾驶场景数据库以及企业的道路测试场景，以车辆直道行驶时 AEB 为例，如图 5-3 所示。AEB 测试对静止车辆的追尾工况、匀速运动车辆的追尾工况以及原本匀速运动的车辆以一定减速度制动的追尾工况进行直道测试。

（2）危险工况场景

危险工况场景主要涵盖恶劣天气环境、复杂道路交通以及典型交通事故三大类仿真场景，以行人横穿马路、车辆紧急制动为例，如图 5-4 所示。

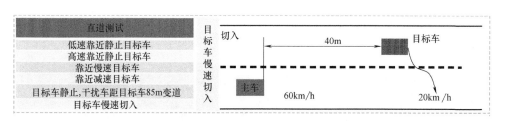

图 5-3 直道 AEB 测试用例设计

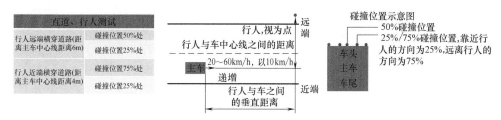

图 5-4 直道、行人 AEB 测试用例设计

（3）标准法规场景

标准法规场景是自动驾驶功能在研发和认证阶段需要满足的基本场景，始终紧跟自动驾驶政策发展动态，可基于 ISO、NHTSA、E-NCAP（欧洲新车安全评鉴协会）、C-NCAP（中国新车评价规程）等多项标准、评价规程构建 20 余种标准仿真测试场景，支持 AEB、ACC、LKA（车道保持辅助系统）、APA（全自动泊车辅助）等多种自动驾驶功能的仿真验证，同时贯通了标准场景的自动化测试流程，以弯道上 AEB 为例，如图 5-5 所示。

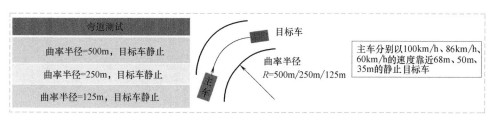

图 5-5 弯道 AEB 测试用例设计

（4）参数重组场景

参数重组场景旨在将已有仿真场景进行参数化设置，并完成仿真场景的随机生成或自动重组，进而补充大量未知工况的测试场景，有效覆盖自动驾驶功能测试盲区。参数重组的仿真场景可以是法规场景、自然场景和危险场景。通过不同交通要素的参数设置可以重组法规场景，使用参数随机生成算法也可以重组自然场景；针对危险场景的重组，通过自动化测试手段可寻找自动驾驶功能的边缘场

景，计算边缘场景的参数权重，扩大权重高的危险因子参数范围，可实现更多危险仿真测试场景的自动化生成。以 TJA（交通拥堵辅助）为例，如图 5-6 所示。

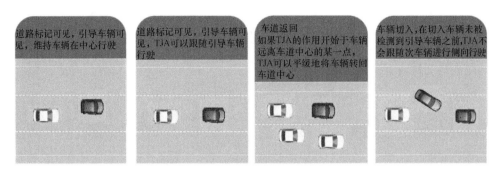

图 5-6　TJA 测试用例设计

3. 高级别自动驾驶场景用例划分

高级别自动驾驶的虚拟仿真测试除需完成基本的大量测试用例功能测试外，还需在虚拟试验场完成连续性自动化测试，以通过仿真测试实现人工接管节点等功能的安全测试。虚拟试验场可将现有的封闭测试场地进行复现，并在其基础上添加特殊地形及路况以满足测试需求，也可以根据专家经验设计符合测试需求的城市道路或高速静态试验场以及复杂混合场景虚拟试验场。

以中国汽车技术研究中心数据资源中心的虚拟场景划分与数据建设研究为例，已建立了一个基础版虚拟试验场，道路总长 42.8km，面积 3.3km²，272 个路口，20000+ 交通参与主体，涵盖静态场景 8 类，动态场景 16 类，能够支持 L3 及以上不同层级自动驾驶汽车的虚拟仿真测试，并基于《智能网联汽车自动驾驶功能测试规程》建立了 30 余类连续自动化测试动态场景，如图 5-7 所示。

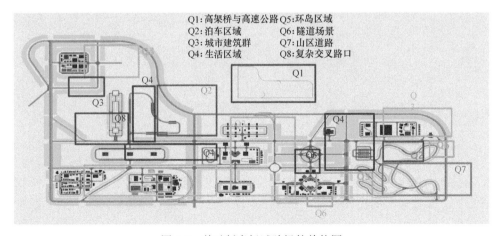

图 5-7　基础版虚拟试验场的整体图

针对高级别自动驾驶测试，可通过虚拟测试场设计定制化测试路径及场景，不同测试路径将完成连续性的功能测试。城市道路的基本交通道路测试用例设计如图 5-8 所示。

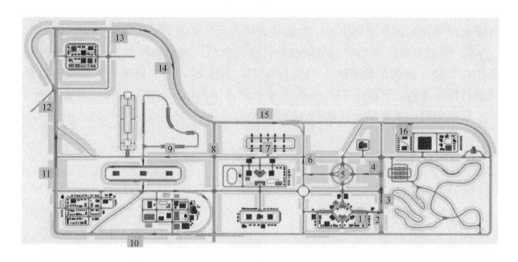

图 5-8　基础版虚拟试验场细节图

1—停车场起步　2—行人横穿　3—行人沿车道行走　4—左转通行（左直碰撞测试）

5—环形路口通行（直行）　6—信号灯识别（左转）　7—两轮车横穿　8—直行通行（直直碰撞测试）

9—两轮车沿路骑行　10—跟车　11—超车　12—前车制动　13—车道数减少汇入

14—车道线识别　15—障碍物识别　16—紧急停车道停车

4. 具体场景用例设计

下面从自动驾驶功能角度出发，选取切车、十字路口左 / 右转、主动变道、通过环岛、自动泊车等常见功能进行测试用例的设计。

（1）车辆切入

1）测试目的：直路主车直行，左侧车道前方有车辆切入本车道，验证当有低速车辆切入本车道时，系统是否能有效制动。

2）测试步骤：激活测试车辆自动驾驶功能后，测试车辆以 v_1 车速在直道上行驶，目标车 / 骑行者以 v_2 车速从测试车辆左侧 / 右侧切入本车道，如图 5-9 所示。

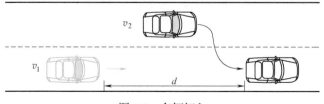

图 5-9　车辆切入

3）初始条件：v_1=60km/h，$v_1 > v_2$，$d < d_{AEB}$。

4）评价准则：系统采取有效制动避免碰撞。

（2）车辆切出

1）测试目的：直路直行，主车前方有车辆向右侧切出，验证目标车由于前方静止障碍物从本车道切出时，系统是否符合设计要求。

2）测试步骤：激活测试车辆自动驾驶功能后，测试车辆以 v_1 车速跟随目标车 TV_1 行驶，测试车辆车速 v_1 与目标车 TV_1 车速 v_2 相同。目标车 TV_1 前方设置慢速目标车 TV_2，目标车 TV_2 以 v_3 车速行驶，当目标车与静止障碍物的距离为 d 时，目标车进行换道动作，如图 5-10 所示。

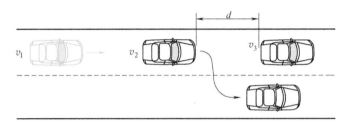

图 5-10　车辆切出

3）初始条件：v_1=60km/h，$v_2 = v_1-5$，$v_3 = 0.5v_2$，d =10m。

4）评价准则：系统采取有效制动避免碰撞。

（3）路口左转遇本车道运动行人测试

1）测试目的：主车路口左转，本车道有过马路行人，验证系统是否可采取有效制动避免碰撞。

2）测试步骤：测试车辆以目标车速 v_1 接近左转路口，本车道外侧放置静止行人。当测试车辆与行人的距离为 d_1 时，行人以速度 v_2 从目标车道左侧 / 右侧通过人行横道。保持试验环境不变，重复进行三次测试，如图 5-11 所示。

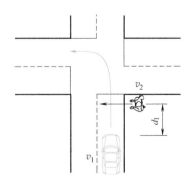

图 5-11　车辆路口左转遇行人

3）初始条件：v_1=30km/h，v_2=4km/h，d_1=20m。

4）评价准则：测试车辆在路口左转，遇本车道有过马路行人时，轨迹预测正确。有碰撞风险时，测试车辆应减速进行避让，同时不应产生任何危险动作。

（4）路口左转遇对向车辆直行

1）测试目的：十字路口主车左转，对向车道有直行车辆时，系统是否可采取有效制动避免碰撞。

2）测试步骤：测试车辆以目标车速 v_1 接近左转路口，测试车辆对向车道上放置以车速 v_2 进行直行的伙伴车辆，测试车辆与垂直车道的车道线的距离为 d_1 时，伙伴车辆与垂直车道的车道线的距离为 d_2。保持试验环境不变，重复进行三次测试，如图5-12所示。

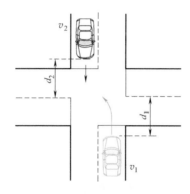

图5-12　车辆路口左转遇直行车

3）初始条件：v_1=30km/h，v_2=30km/h，d_1=d_2=50m。

4）评价准则：测试车辆在路口左转，遇对向车道有直行车辆时，轨迹预测正确。有碰撞风险时，测试车辆应减速进行避让，同时不应产生任何危险动作。

（5）路口右转遇直行车辆

1）测试目的：十字路口主车右转，左侧车道有直行车辆时，系统是否可采取有效制动避免碰撞。

2）测试步骤：测试车辆以目标车速 v_1 接近右转路口，测试车辆左侧垂直车道上放置以车速 v_2 进行直行的伙伴车辆，测试车辆与垂直车道线的距离为 d_1 时，伙伴车辆与垂直车道线的距离为 d_2。保持试验环境不变，重复进行三次测试，如图5-13所示。

3）初始条件：v_1=30km/h，v_2=30km/h，d_1=d_2=50m。

4）评价准则：测试车辆在路口右转，遇测试车辆右侧垂直车道有左转车辆时，轨迹预测正确。有碰撞风险时测试车辆应减速进行避让，同时不应产生任何危险动作。

（6）通过环岛

1）测试目的：验证测试车辆通过环岛时是否满足设计要求。

2）测试步骤：测试车辆以目标车速 v_1 驶入环岛，沿环岛行驶一周后，测试车辆驶出环岛，如图 5-14 所示。

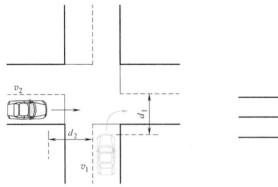

图 5-13　车辆路口右转遇直行车

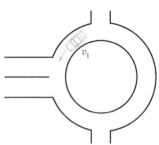

图 5-14　车辆通过环岛

3）初始条件：v_1=20km/h。

4）评价准则：遵守交规，车辆可正常通过环岛。

（7）主动变道时目标车道有障碍车

1）测试目的：验证变道时，目标车道有障碍车，系统功能是否符合预期。

2）测试步骤：测试车辆在直线道路上以目标车速 v_1 行驶，本车道左侧车道线为虚线，右侧车道线为实线。测试车辆左侧放置以车速 v_2 行驶的伙伴车辆，v_2=v_1，左侧伙伴车辆右侧边界（后视镜）与测试车辆左侧边界距离为 d_{offset}。测试车辆行驶路径前方放置静止的伙伴车辆，测试车辆与伙伴车辆之间的距离为 d。左侧伙伴车辆根据测试车辆的车速进行相应的车速调整，以保证左侧伙伴车辆与测试车辆始终处于平行的位置，如图 5-15 所示。

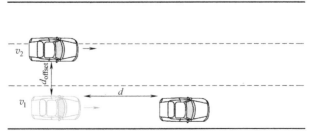

图 5-15　车辆变道

3）初始条件：v_1=60km/h，d=100m。

4）d_{offset}=2m（车道中心行驶）、3m（车辆中心线与左侧车道线重合）、4m（车辆右轮压线行驶）、5m（最左侧车道中心行驶）。

5）评价准则：左侧车道内无障碍车辆时，测试车辆可完成变道操作。

（8）通过弯道

1）测试目的：验证变道功能在弯道上是否合理。

2）测试步骤：测试车辆在半径为 R 的弯道上以目标车速 v_1 顺时针方向行驶，测试车辆左侧车道线为虚线。测试车辆前方放置以车速 v_2 行驶的伙伴车辆，测试车辆与伙伴车辆之间的距离为 d。变换车辆行驶方向再进行相同的试验，如图 5-16 所示。

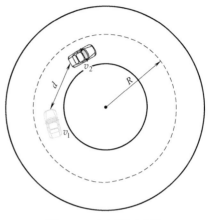

3）初始条件：v_1=60.0km/h，v_2=20.0km/h，$d > 50$m，$R < 100$m。

4）评价准则：弯道半径 $R \leqslant 500$m 时，不允许车辆进行变道操作；弯道半径 $R > 500$m 时，允许车辆进行变道操作。

图 5-16　车辆通过弯道

（9）自主泊车但目标车位存在静止车辆

1）测试目的：验证目标车位存在静止车辆的情况下，系统是否可采取有效制动避免碰撞。

2）测试步骤：在车位内放置静止车辆，激活自动泊车功能，如图 5-17 所示。

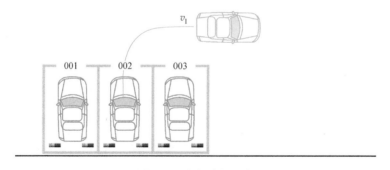

图 5-17　车辆自主泊车

3）评价准则：系统可检测到车位内有障碍物，禁止泊车操作。

5. 事故仿真/极限场景测试

每个交通事故都有着自己的特点，在事故场景测试设计中就需要从众多的交通事故中寻找到具有代表意义的事故，并将其特征点提取出来，进而转化设计一个有意义的事故测试场景。图 5-18 展示了事故安全场景测试用例的设计流程图。

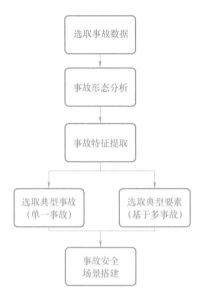

图 5-18　事故安全场景测试用例设计流程图

从图 5-18 可以看出，事故安全场景测试用例的设计步骤如下：

（1）选取事故数据

测试用例的设计是针对某特定系统或特定目的而设计的，在设计的初期，首先需要明确测试用例的目标。根据目标，选择具有特定特征的事故作为事故分析来源。

（2）事故形态分析

在选取事故数据的初期，仅仅是对目标事故的筛选，不能完全分析出事故的特点，这时就需要对事故进行形态分析。形态分析可以帮助研究者呈现所选事故的特征，并将特征以区域范围的形式表达出来。同时，形态分析会帮助研究者确定测试用例的设计特征。

（3）事故特征提取

通过对事故形态的分析，发现事故所具备的特征，在众多特征中选取研究关注的点，进而提取出来，形成特征参数的矩阵。

（4）选取典型事故

找到各特征的参数范围，而在此参数范围之内，将会出现最常见的特征参数，基于特征参数，可以选取某一真实事故作为该特征形态的范例，这样就可以保证数值具有代表意义，且该事故的真实性可以得到保证。

（5）选取典型要素

选取特征矩阵内的最典型参数作为典型要素。通过典型要素的提取，可以保留典型要素所具备的代表属性。

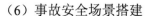

（6）事故安全场景搭建

利用选好的参数，根据虚拟仿真场景的设计需要，搭建事故场景测试用例，完成事故仿真场景测试用例的设计。

事故频次占比较高的事故类型包括侧面碰撞、刮撞行人、正面碰撞以及追尾碰撞；从人员损伤来看，侧面碰撞、刮撞行人、正面碰撞、追尾碰撞及撞固定物是占比较高的类型；事故多发生在白天，夜间事故中有 56.7% 发生在有照明的情况下，可见光照良好仍然是事故发生的主要条件之一。天气情况以晴天为主，其他天气形态约占总数的 1/4。关于车辆的运动情况，直行仍然是主要运动，排其之后的为左转弯、右转弯、变更车道。从数据比例可看出，左转弯发生事故的频率远高于右转弯发生事故的频率。而行人的运动情况，主要以穿行道路、顺行道路为主。

由此可以推测出我国总体的主要事故形态有以下几个特征：

1）车辆间碰撞事故较多，以侧面碰撞、正面碰撞、追尾碰撞为主。

2）碰撞对象除车辆外，主要以行人和固定物为主。

3）事故发生在天气及光照较好的情况下占比较高，夜间事故有光照的占比较高。

4）直行是事故车辆的主要运动形态，左转事故多于右转事故。

5）行人穿越车道发生事故的情况多于顺行车道。

凭借以上的事故特点，可以组合成我国常见的事故形态，用于典型事故仿真测试场景，见表 5-10。

表 5-10　典型事故仿真测试场景

事故类型	光照	天气
车辆追尾车辆	白天、夜间	晴
车辆侧碰车辆	白天、夜间	晴
车辆碰撞穿行行人	白天、夜间有照明	晴
车辆碰撞穿行二轮车	白天、夜间有照明	晴
车辆正面碰撞固定物	白天、夜间	晴
车辆正面碰撞二轮车	白天、夜间有照明	晴
车辆正面碰撞顺行行人	白天、夜间有照明	晴
车辆正面碰撞车辆	白天	恶劣天气
车辆左转碰撞车辆	白天	晴
车辆左转碰撞二轮车	白天	晴
车辆左转碰撞行人	白天	晴

5.2.4　仿真加速测试

目前与自动驾驶相关的企业和机构采用的加速测试技术主要分为在示范区中

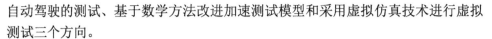

自动驾驶的测试、基于数学方法改进加速测试模型和采用虚拟仿真技术进行虚拟测试三个方向。

1.在智能网联示范区实施自动驾驶加速测试项目

在全球范围内，美、欧、日等发达国家及地区斥资建设智能网联汽车示范区，在示范区内模拟多种道路和场景，为智能网联汽车提供实际的运行环境，丰富的测试场景和封闭的安全空间，为自动驾驶提供了加速的环境。当前已有诸多机构在多个国家研发并测试了自动驾驶项目。

测试场为自动驾驶车辆提供了真实丰富的场景，通过多种道路突发状况的集中发生来放大自动驾驶测试效率。最具代表性的就是 2015 年 7 月全球首个自动驾驶封闭测试区 Mcity 的正式开园，Mcity 场地能为自动驾驶车辆提供一种放大系数，以达到每公里的驾驶能够代表真实环境中 10km、100km 甚至 1000km 的驾驶效果。国内各大车企也陆续在国家各大智能网联汽车示范园区进行了与自动驾驶系统有关的一系列测试。

2.通过虚拟仿真技术对自动驾驶进行虚拟加速测试

虚拟道路测试可以在短时间内对多种路况进行再现。虚拟测试有着很高的灵活性，工程师可以用很短的时间改变天气、行人以及道路条件等变量，来模拟真实路况。北美公司 Parallel Domain 摒弃手工建造街区，其研发的软件可以在不到一分钟的时间自动生成所需测试的城市街区，同样也能达到缩短自动驾驶评价进程的目的。

在国外，芯片厂商 NVIDIA 借助模拟仿真，通过对数十亿英里的自定义场景和极端情况进行测试，从而提高算法的稳定性，其花费的时间和成本仅为实际道路测试的一部分。NVIDIA 开发的"DRIVE Constellation"系统可以在 5h 内完成 48 万 km 的路测。正是由于自动驾驶仿真测试的高效性，Waymo 也开发了自己的仿真平台 Carcraft。有数据显示，在 2016 年的一年中，Waymo 在 Carcraft 中放置的 25000 辆虚拟测试车行驶了 25 亿 mile。在国内，百度 Apollo 的仿真引擎拥有海量实际路况及自动驾驶场景数据，基于大规模云端计算容量，能够打造日行百万公里的虚拟运行能力，形成一个快速迭代的闭环，让开发者和创业公司轻松实现"坐地日行百万里"。

3.基于算法改进研究设计自动驾驶加速测试评估模型

在虚拟仿真的基础之上，将真实驾驶环境分解成不同的场景，这些被分解的场景易于进行模拟和重复测试。在每一个特定的场景中，通过合适的算法改进自动驾驶测试评估模型，重点针对可能发生危险的状况，以及在这种情况下自动驾驶车辆的应对措施，进而对自动驾驶的可靠性进行评估。相较于传统的方法，基于场景的仿真不仅能够加快自动驾驶测试速度，并且还能减少资金花费。

美国密歇根大学研究人员为了评估跟车和超车情景中自动驾驶车辆的安全

性能，提出了两种加速评估方法。其仿真结果表明，前者加速测试可以将碰撞、受伤或冲突事件的评估时间缩短 300 ～ 100000 倍，模拟 1000mile 相当于自动驾驶车辆在现实世界中测试的 30 万～ 1 亿 mile 挑战性场景。后者加速测试可将评估时间缩短 2000 ～ 20000 倍，模拟 1000mile 可相当于测试的 200 万～ 2000 万 mile 挑战性场景。Yang 等人和 Lee 通过从自然驾驶数据库中提取片段进行回放来评估防撞系统。Woodrooffe 等人基于自然驾驶冲突生成了 150 万个前向碰撞案例，并用它们来评估重型卡车碰撞预警等技术。还有研究人员提出了一种加速自动驾驶车辆评估的新模型，分段混合分布模型提供了对周围人控车辆行为更精确的拟合，相较于单参数模型，评估时间几乎减少了一半。显而易见，这几种方法有可能大大缩短自动驾驶车辆的开发和验证时间。

同济大学的学者提出了一种基于改进重要性采样技术的自动驾驶车辆超车场景安全评估的加速测试方法，并且通过基于上海自然驾驶数据的仿真验证了该方法的有效性。其结果表明，与现有的重要性采样技术相比，该方法将加速测试效率提高了 35%，并将加速测试结果的准确性提高了 25%。

5.2.5 自动化仿真测试技术与评价

1. 自动化测试硬件性能要求

（1）逻辑层

逻辑场景在控制器测试（ECU-TEST）中的随机模块内处理成具体场景。然后将如 OpenScenario 和 OpenDrive 文件形式的具体场景转换为 TestRun 和 Roads 格式，并在实时条件下在 HiL 测试平台上执行。通过 ECU-TEST 内的关键性度量来评估和显示 HAF 功能的行为。

（2）技术层

硬件在环仿真器的示例性结构。该结构包括实时系统（如 XPACK4）、多个控制单元和车载主机，以及模拟控制 PC。实时系统通过 CAN 与执行高度自动驾驶功能的 ECU 和车载主机进行通信。通过模拟控制 PC 远程控制实时系统，在 PC 上显示虚拟仿真软件可视化图像并执行控制器测试试验。

2. 自动化测试评价体系

随着自动驾驶系统越来越复杂，所需测试的测试用例越来越多，对它们进行验证和测试，需要写更多的测试脚本。因此，为了节省时间，需要增加自动化的程度，自动生成和评估有效的测试用例，以智能生成数以千计的测试用例，使覆盖范围最大化。自动化测试主要是工具的选择以及自动化脚本生成。其测试流程如下：

1）选定模型测试设备及对测试场景进行定义。

2）运行测试。

3）自动生成报告。

测试评价体系是由测试用例和评价指标组成的基于驾驶场景自动驾驶功能在虚拟仿真测试中的评价体系，其目的是加速自动驾驶虚拟仿真测试发展，为自动驾驶技术的产业落地提供支持。下面给出 L1 级别和 L2 级别（SAE 分级）较为完善、综合的自动驾驶仿真测试评价体系（图 5-19）。测试评价体系分为两个部分：测试用例和评价指标。

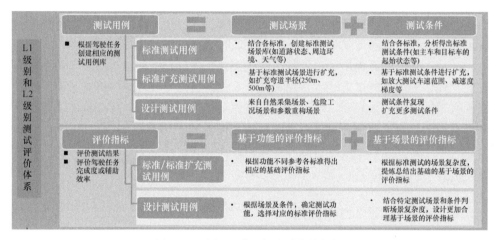

图 5-19　虚拟测试评价体系整体框架

测试用例包括测试场景和测试条件：测试场景指测试时外部环境的状态，如天气、道路状况、道路周围环境、道路的曲率半径等静态条件；测试条件指测试时主车与其他交通参与者的状态等动态条件，如开始测试时的主车车速、主车与其他交通参与者的相对距离、其他交通参与者的预计行为等。

对于评价指标，则包括基于功能的评价指标和基于场景的评价指标。基于功能的评价指标根据 L1 ～ L2 驾驶功能的不同而不同，主要根据已有的相关标准，结合测试的具体情况进行评价，反映了所测车辆对测试功能的完成度的评价。基于场景的评价指标则反映了场景的复杂度，根据场景的不同复杂程度，判断该场景下的评价得分在所有测试用例中的占比，从而得出最终的综合性评价结果。

场景数据库中的每一个测试用例都有对应的场景复杂度即基于场景的评价指标，根据测试功能的不同，从场景数据库中提取符合该功能的测试用例，并根据相应的基于功能的评价指标对该测试功能进行评价，最后结合场景复杂度得出最终评价得分。这种仿真测试评价体系流程能很好地利用虚拟仿真易参数化的优势，无须传感器就能获得车辆行驶数据，不仅能与实地测试相互对应（标准 / 标准扩充测试用例），也能反映日常驾驶或危险驾驶下的性能（设计测试用例），具有简单易实现、测试范围广、测试项目多、测试结果可靠、反映实际驾驶等优点。

这种结合仿真测试的特点和相应的实车测试标准建设思路而建立的 L1 ～ L2 级别自动驾驶仿真测试和评价指标，也可以用于 L3 及以上自动驾驶功能的测试评价，即以场景通过率结合其在不同测试用例下的场景复杂度来对该功能进行评价。

3. 自动化测试评价案例

自动化测试评价首先要确定测试用例，然后根据相应的评价指标来对仿真测试结果进行评价。

（1）仿真测试用例的设计

对于 L1 ～ L2 级别功能，例如自动紧急刹车（Autonomous Emergency Brake，AEB）、前车碰撞预警（Forward Collision Warning，FCW）、自适应巡航控制（Adaptive Cruise Control，ACC）、车道偏离预警（Lane Departure Warning，LDW）、车道保持辅助（Lane Keeping Assistant，LKA）和自动泊车辅助（Automatic Park Assist，APA）等，其对应的测试用例的设计思路主要是参考标准来进行的。AEB 测试用例主要参考了 ISO 15623、SAEJ 2400 等国际标准及《C-NCAP 管理规则（2018 版）》进行设计；FCW 测试用例主要参考了 ISO、NHTSA、SAE 等标准进行设计；ACC 测试用例主要参考了 ISO 的相关标准进行设计；LDW 测试用例主要参考了 ISO、NHTSA 的相关标准进行设计；LKA 测试用例主要参考了 ISO、E-NCAP 相关标准进行设计；APA 测试用例主要参考了 ISO、JGJ 等标准进行设计。测试用例主要分为三类：标准测试用例、标准扩充测试用例和设计测试用例。

下面以自动驾驶的基本功能 AEB 功能为例，介绍该功能的标准 / 标准扩充测试用例的测试场景及测试条件，并给出对应部分的图解（图 5-20）。AEB 功能直

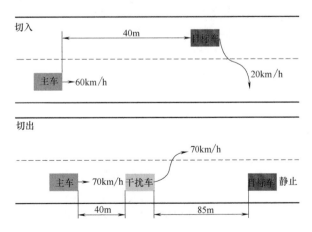

图 5-20　AEB 标准 / 标准扩充测试示例：直道前方车辆切入切出测试示例图解

线测试用例部分主要参考了 Hulshof 等的研究成果，同时结合 C-NCAP 中测试规定的部分测试条件（如两车车距等）进行设计，还结合 SAE J2400 中干扰车切出的测试用例设计了日常生活中常见的前方车辆切入切出情况的测试用例。因这些测试用例主要来自相关标准，且场景较为简单，故将其作为标准扩充测试示例。

　　弯道测试用例部分主要参考了 ISO 15623。测试用例中给定主车速度、曲率半径、弯道中最大侧向加速度，以及主车与目标车的相对距离来进行弯道碰撞测试，如图 5-21 所示。

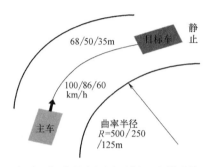

图 5-21　AEB 标准 / 标准扩充测试示例：弯道碰撞测试示例图解

　　直道的行人碰撞测试用例主要参考了 C-NCAP 的相关报告，图 5-22 和图 5-23 分别给出了直道行人测试的图解和车辆碰撞位置的图解。

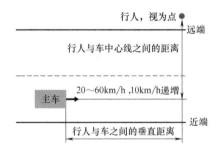

图 5-22　AEB 标准 / 标准扩充测试示例：直道行人碰撞测试示例图解（一）

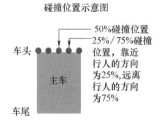

图 5-23　AEB 标准 / 标准扩充测试示例：直道行人碰撞测试示例图解（二）

（2）仿真测试的评价指标

评价指标具有一定的客观性、准确性、唯一性。同时，因为不同测试用例的场景具有不同的复杂度，所以不同测试用例的测试结果在最终的评价中也具有不同的权重。基于以上原则，设计了基于功能的评价指标和基于场景的评价指标。基于功能的评价指标主要评价功能完成的好坏，保证了评价指标的客观性、准确性、唯一性；基于场景的评价指标主要评价该测试用例的结果在最终评价中的权重，保证了评价指标基于场景的特性。

1）基于功能的评价指标：在进行 HIL 测试过程中，需要确定对于每条测试用例其通过性指标、预警指标以及未通过指标，以进行测试结果的判断，表 5-11 给出了 AEB、FCW 基本功能的评价指标。

表 5-11　AEB、FCW 评价指标

功能	AEB	FCW
评价指标	是否避免碰撞	预警时，1.5s ＜碰撞时间（TTC）＜ 4.5s
	自动制动是否执行	是否具有点制动预警（持续时间＜ 1s，减速度＜ 0.5g，最大速度减少＜ 2m/s）
	碰撞预警是否执行	
	AEB 系统启动时，两车重叠率≥ 20%	FCW 系统启动时，两车重叠率≥ 20%

2）基于场景复杂度的评价指标：在进行驾驶场景复杂度评级时，首先将驾驶场景进行主体分类，利用信息熵分别对各类主体的复杂度进行量化，并将各主体复杂度的量化结果加权融合，根据最终结果进行场景复杂度评级，如图 5-24 所示。

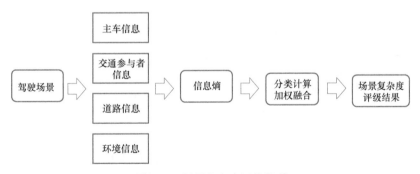

图 5-24　场景复杂度评价体系

主车信息包括速度和动态驾驶任务，应将速度以及动态任务的数量和难度作为权重，分别计算其信息熵；交通参与者信息包括交通参与者类型、数量以及状态，参与者类型的多少、参与者数量以及状态同样会影响着场景复杂度，因此，需要以权重的形式作用于信息熵的计算；道路信息包括道路类型和道路结构，不同的道路类型和结构会影响场景复杂度的计算，因此，这两个要素也需要体现在信息熵的计算过程中；环境信息包括天气和时段，天气和时段的不同会影响路况以及交通参与者的决策，因此，在计算时也应将其考虑在内。信息熵的计算采用如下形式：

$$C=\log_2(\omega_i+1) \tag{5-1}$$

式中　ω_i——不同场景维度下需要考虑的权重因素。

在得到 4 个场景维度的信息熵计算结果之后，根据维度之间的串并联关系，将 4 个结果进行加权融合，确保最终的场景复杂度计算结果在 0～1 的取值范围之内，并据计算结果进行复杂度评级。场景复杂度评级结果见表 5-12。

表 5-12　场景复杂度评级结果

复杂度等级	场景复杂度取值范围
简单场景	0～< 0.6
中等场景	0.6～0.8
复杂场景	> 0.8～1

5.3　物理测试中的场景应用技术

5.3.1　园区及封闭道路测试场地

作为自动驾驶测试场景的重要环节，世界各地均启动适用于自动驾驶测试的园区及封闭道路测试场地。

（1）美国 MCity

MCity 从 2014 年开始建设，并于 2015 年 7 月正式宣布对外开放，如图 5-25 所示。MCity 占地 12.9 万 m²（相当于 32 英亩），是世界上第一座专为测试无人驾驶汽车、V2X 等智能网联汽车技术而打造的，经过环境变量控制设计的模拟小镇。MCity 位于密歇根大学的北校区，街区内建造了模拟城市交通的主要环节。其中包括数英里长的两车道、三车道和四车道公路，高速公路及其出入口，有信号灯的十字路口，桥梁，铁路交叉口，环形路口，自行车道，上下坡道，甚至地下通道等。整座城市包括两个基本区域：用于模拟高速公路环境的高速试验区域；用于模拟市区和近郊的低速试验区域。

MCity 的最大特点是柔性设计，MCity 中包含丰富的道路环境要素，如不同的车道线、人行道、行人斑马线、自行车道、街灯、无障碍坡道，不同形式的停

MCity

MCity由60余家企业共同使用，包括汽车制造商、大学、研究机构等，主要进行自动驾驶和电动安全系统的测试与开发。在MCity内，布有不同的道路、交叉路口以及V2I，充分模拟现实路况。测试区域面积为0.13km^2（13万m^2），长约0.5km。

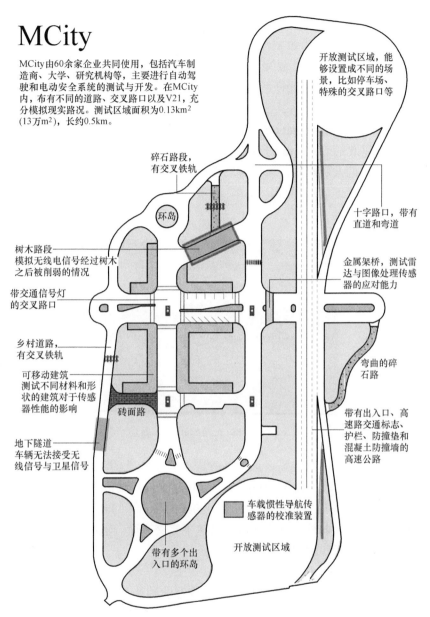

开放测试区域，能够设置成不同的场景，比如停车场、特殊的交叉路口等

碎石路段，有交叉铁轨

环岛

十字路口，带有直道和弯道

树木路段模拟无线电信号经过树木之后被削弱的情况

金属架桥，测试雷达与图像处理传感器的应对能力

带交通信号灯的交叉路口

乡村道路，有交叉铁轨

弯曲的碎石路

可移动建筑测试不同材料和形状的建筑对于传感器性能的影响

砖面路

带有出入口、高速路交通标志、护栏、防撞垫和混凝土防撞墙的高速公路

地下隧道车辆无法接受无线信号与卫星信号

车载惯性导航传感器的校准装置

带有多个出入口的环岛

开放测试区域

图5-25 MCity功能设计示意图

车位、公共汽车站，还有不同形式的郊区街道、郊区干线、农村道路、高速公路、坡道、环状交叉路口、圆形交叉路口和复杂的斜式交叉路口等道路形态，这些元素经过组合能够复现多种真实交通场景，最大限度地支撑智能网联汽车测试对场景完备性的需求。

2015年11月，福特作为第一家汽车制造厂商测试用户，在MCity测试了其研发的混合动力无人驾驶汽车。汽车搭载摄像头、激光雷达、3D 测绘系统等传感器，这些传感器能够感知 MCity 的道路环境，做出相应的反应，实现无人驾驶。福特全球产品开发副总裁 Raj Nair 评价：MCity 提供了真实的城市环境，能够安全、可靠、可重复地进行新技术测试，这是无人驾驶汽车测试迈出的重要一步。

（2）美国 GoMentum Station 试验场

位于硅谷以北的 Concord 的 GoMentum Station 试验场（图 5-26）由于与苹果的合作而逐渐被世人所熟知，该试验场由废弃海军基地改造，目前该试验场由康特拉科斯塔交通管理局所拥有。本田、梅赛德斯 - 奔驰已经在该试验场进行了自动驾驶车辆的测试。

图 5-26　GoMentum Station 试验场

GoMentum Station 试验场占地 8.5km²，是全美最大的智能汽车封闭试车场，包含 32km 的铺装道路，其中 11km 可用于高速测试；城市道路成网格状，包含建筑物及其他城市基础设施；两个超过 400m 的隧道，可用于导航、GPS 定位、通信等技术的测试；此外还有立交桥、高速下穿交叉道、轨道交叉路面等，能够满足多种工况的复现和测试。

（3）欧盟 ITS Corridor 走廊

欧盟也制定了智能汽车发展路线图，将智能网联汽车作为重点发展方向之一，并开展了智能交通走廊（ITS Corridor）等示范项目推动智能网联汽车技术的应用。欧盟 ASSESS、APROSYS、ASPECSS 等项目通过对 GIDAS、STATS19、OTS、STRADA 等深度事故数据库进行分析，结合不同类型事故的比例及对乘员造成的伤害程度，对追尾事故、十字路口事故、迎面碰撞事故、前方车辆切入事故、车辆 - 行人碰撞事故等事故形态的典型危险场景进行了提取。

（4）瑞典 AstaZero 试验场

欧洲最典型的智能网联汽车试验场是瑞典的 AstaZero，AstaZero 试验场总面积约 200 万 m²，为复现各类典型应用场景，试验场设计了四个主要的测试区（图 5-27）。

1）最外圈为 5.7km 的环道，用于模拟乡村道路，该部分道路为双向两车道，一半道路设计时速为 70km/h，另外一半道路为 90km/h；乡村道路主要用于驾驶行为测试，这部分道路行驶环境相当单调，容易使驾驶人注意力不集中，道路两侧栽有灌木丛等，起到隐藏障碍物的作用，测试路侧突然有障碍物窜出时驾驶人的反应；两处 T 字交叉路口和一处十字路口，路口标志牌可根据测试需要进行更换，部分标志牌可以电子控制；一处公交车站及一处紧急停车带。乡村道路还可用于 V2X、ACC 自适应巡航控制、自动驾驶、人机交互界面（HMI）等的测试。

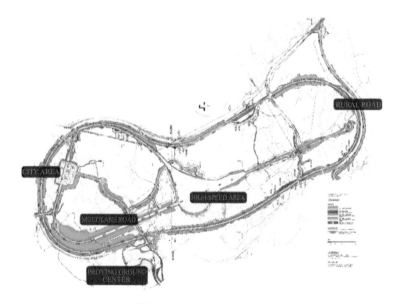

图 5-27　AstaZero 试验场

2）城市道路当前由四个建筑物围成的一个十字路口构成，未来将新增五个街区，主要用于模拟城市交通工况，主要测试车辆与行人、骑车人、大客车等其他道路使用者避免碰撞的能力。四个建筑物每个 40m 长，25m 宽，高 4m，其中三个为"假"建筑物。这三个"假"建筑物只有外墙，其上绘制有建筑外表面图案，能够骗过人眼及车载传感器。另外一个建筑物用于存储目标物等测试设备。城市道路具有不同宽度和车道数的道路，同时有人行横道、人行道、非机动车道、公交车道等；为了进入测试区时速度达到要求，在进入十字路口前有超过 150m 长的加速道；主街道照明可分块控制，并配备有交通标志安装接口，可根据测试需要进行更换，同时提供电动车的充电接口，如图 5-28 所示。

图 5-28　城市道路测试图

3）高速道路区域主要用于避撞技术及车辆动力学测试，该区域由一个直径为 240m 的操稳广场以及三条加速道构成，其中两条加速道长约 1000m，另外一条加速道长约 600m，可以达到很高的测试速度。为保证安全，整个高速测试区域都用刚性护栏包围，并设置缓冲垫；采用气球车、假人等目标物模拟真实的车辆和行人，目标物可远程控制；测试车辆可采用驾驶机器人驾驶。高速交叉路口场景、高速对向行驶场景都可以在该区域进行复现，如图 5-29 所示。

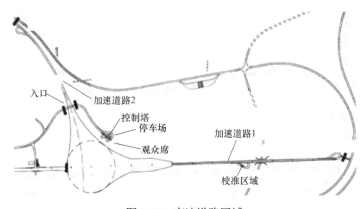

图 5-29　高速道路区域

4）多车道局域模拟高速道路，由四条车道构成，长约 700m，与操稳广场直接相连。中心隔离带等可临时设置，行驶方向可随时变换；带龙门架、交通标志等，灯光照明可分块控制。除自动驾驶外，诸如紧急制动、盲区检测、变道提醒等场景都可以在该区域进行复现，如图 5-30 所示。

乡村道路、多车道道路以及高速测试区域的加速道全程铺设管道用于电力、光纤等线路的布置，每隔 150m 设置一个接入点；架设 GPS 定位基站，覆盖整个测试区域，目标车都带有基于 RTK 的 GPS 移动站；配备模拟行人、车辆、骑车人、动物的目标物，且可远程自动控制；所有区域覆盖 WiFi 信号。

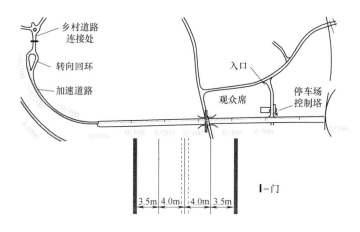

图 5-30　多车道区域

（5）西班牙 IDIADA 试验场

西班牙 IDIADA 公司充分利用其现有试验场进行智能系统的测试工作。试验场配备了满足 LTE-V 和 DSRC 的 V2X 设备，此外配备了高精度卫星定位系统，定位精度 ±40cm（10Hz）。测试内容包括 ADAS、ITS、V2V、V2I 等，试验场拥有大量试验设备，如假人、假车等。如图 5-31 所示。

图 5-31　IDIADA 试验场

（6）英国 MIRA 试验场

英国 MIRA 的试验场 City Circuit 主要用于模拟城市工况，可提供车辆实时监控以及现代化的通信技术，如 GSM、蜂窝网络和无线网络等。试验场拥有长度 300m 的多车道高速路、各种路面、道路接口和交叉口、种类齐全的道路标记，可双向行驶、全道路覆盖电源和网络，用户自定义交通信号，提供特殊技术服务等，可用于 ITS 等技术的研究和开发。如图 5-32 所示。

图 5-32   City Circuit 试验场（MIRA）

（7）日本丰田东富士研究所 ITS 试验场

在智能网联汽车试验场建设方面，日本主要由车企推动，有代表性的是丰田东富士研究所 ITS 试验场。丰田一直致力于 ITS 技术的推广和研究，力求通过 ITS 技术减少交通事故。为此，丰田于 2014 年 2 月在东富士研究所设立 ITS 试验场（见图 5-33）。试验场占地 35000m²（3.5 公顷），可以利用 700MHz 的无线频段进行通信实验。试验场内布置了车辆探测装置、行人探测装置、信号灯、通信装置等各种设备，同时，车辆自身也搭载了数据采集装置和通信装置，可以满足各种 ITS 相关测试的要求。丰田在试验场主要对右转弯防碰撞辅助等四种安全驾驶辅助功能进行了测试，并取得了比较理想的研究数据。

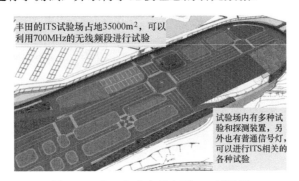

图 5-33   丰田东富士研究所 ITS 试验场

（8）新加坡自动驾驶试验基地

在新加坡，目前已有十个本地和外国公司进行自动驾驶试验。交通部表示，新加坡的目标是成为"城市交通解决方案的全球参与者"，并将推动城市"大规模部署自动驾驶汽车"。

新加坡将从 2022 年开始，在榜鹅、登加和裕廊创新区三个新市镇开展自动驾驶公共汽车和按需出行巴士服务的试点项目。试行定时的无人驾驶巴士服务，并且探讨试行"随需而至"（On-demand）的服务，即使用无人驾驶巴士往来地铁站之间，加强这三个新镇的衔接性。

新加坡初步选定了三个地区七条线路，分别是裕群（253、255 和 257 号巴士）、榜鹅北 / 榜鹅西（84 号和 382 号巴士），以及珊顿道 / 滨海南（400 号和 402 号巴士）。这 7 条巴士路线在非繁忙时段（11：00—15：00，及晚上 8：30）的使用率一般低于 30%。

这项测试将在一个预设的"地理围栏"范围内进行，出发点和目的地取决于乘客叫车的情况，巴士所穿行的路线也不一定一样。该项目的推动，可为巴士从业者节省资源，特别是在非繁忙时段，因为巴士再也无须穿行于没有需求的固定路线。

（9）美国移动中心自动驾驶汽车试验场

2017 年 12 月 11 日，密歇根州美国移动中心（American Center for Mobility，ACM）网联自动驾驶汽车试验场正式对外开放测试，从事网联自动驾驶汽车（CAV）的测试检验、产品开发、培训和标准制定工作。ACM 是美国交通部指定的自动驾驶试验场之一，具备各式各样的真实环境，可以提供丰富且可控的测试条件。其中的行车环境和基础设施包括一条 4km（2.5mile）长的环形高速公路、一座 213.4m（700ft）长的曲线隧道、两座双层立交桥，以及多处交叉路口和环岛。测试活动一年四季都会进行，并且将涵盖白天和夜晚，以及晴、雨、冰雪等各类天气状况。这些因素能为测试和制定网联自动驾驶技术全国性自愿执行标准创造理想的环境，如图 5-34 所示。

图 5-34　美国移动中心自动驾驶汽车试验场

（10）上海智能汽车试点示范区

经上海国际汽车城（集团）有限公司 2015 年 5 月申报，国家工信部 2015 年 7 月批准的"中国制造 2025"首批 46 个项目之一"智能制造试点示范项目——上海智能汽车试点示范区建设"项目（简称"上海示范区"），分三期完成。其中：

1）一期投入 1100 万元，进行上海汽车博览公园 3km 道路以及同济大学嘉定校区 3.5 公里道路的"两园"示范区建设，基本形成上海市进行智能汽车相关技术测试、验证、展示、示范以及产业创新的基地。

2）二期投入 2200 万元，进行汽车城核心区安亭新镇的安驰路、博园路、墨玉南路、安研路、安拓路等约 13.5km 的简单开放环境建设，基本建成国内首个基于智能交通理念、以 V2X 为重点、自动驾驶为主要组成部分的智能汽车示范区，形成可以支持智能汽车相关技术研发、标准研究、产品测试等上路实测的环境条件。

3）三期投入 4800 万元，对上海汽车城核心区安亭新镇 G2 + G15 + G1501 所包围的住宅、商业街、学校、酒店、公园等 $25km^2$ 以上的区域进行建设，并拓展到嘉定全区，使示范道路累计增加到约 50km，基本建成基于智慧城市理念与要求下的智能汽车区域性示范区，构建形成智能汽车产业集群。

（11）智能汽车集成系统试验区

智能汽车集成系统试验区（Intelligent Vehicle Integrated Systems Test Area，i-VISTA）是在国家工信部及重庆市政府支持下共筹、共建的具有国际领先水平的智能汽车和智慧交通应用示范工程及产品工程化公共服务平台，由中国汽车工程研究院股份有限公司承担建设，聚集了清华大学、同济大学、长安、一汽、北汽、广汽、大唐、华为、移动、联通、东软等国内众多自动驾驶技术的优势资源，于 2016 年 11 月 15 日正式开园启用，迄今已有城市交通场景试验区、礼嘉片区智慧小镇、智慧停车库系统、虚拟仿真测试实验室、i-VISTA 监控管理云平台、智能网联汽车信息物理测试系统、中国汽车智能指数、V2X 测试评价体系、自动驾驶测试评价体系等研发成果。

（12）中国智能网联汽车北方测试区

中国智能网联汽车北方测试区由中国汽车技术研究中心有限公司与天津市西青区政府合作建设，立足智能网联汽车整体产业生态发展，打造集虚拟测试场、封闭／半封闭测试场、开放测试道路于一体，高精度地图全域覆盖的测试区。封闭测试场位于王稳庄镇，规划建设面积 $2.67km^2$（4000 亩），设置 6 个独立的测试分区，测试场景超过 300 个。

5.3.2　封闭测试场景建设方法及要求

自动驾驶封闭场地承担着自动驾驶关键功能和核心性能测试的任务，基于测试需求，建设测试场景需要满足以下基本原则。

1. 以合理性原则进行试验准备

（1）试验场地要求

依据车辆功能定义的场地要求进行设计，如试验路面应干燥，没有可见的潮湿处；试验路面的峰值附着系数应符合测试要求；试验道路应符合场景需求并且平坦，无明显的凹坑、裂缝等不良情况。

（2）试验环境要求

依据车辆功能定义的场地要求进行设计，如气候条件良好，无降雨、降雪、冰雹、扬尘等恶劣天气情况；试验应在均匀的自然光照条件下进行，除非制造厂商对光照度要求的下限值更低，光照度不小于 2000lx。

（3）目标车辆要求

应选取能够代表车辆运行域内所能遇到的典型目标物，如 TJP 所能遇到的车辆一般只有能够驶入高速的机动车。

2. 保证试验条件一致性

测试场地应满足试验条件一致性，可参考以下条款：

1）环境温度、光照度、风速等环境参数每 10min 记录一次。

2）试验设备要满足动态数据的采样及存储要求，采样和存储频率至少为 100Hz。目标车与主车使用 DGPS 时间进行数据同步。

3）主车的重量、水温、轮胎气压差异保持在一定范围内；不得更改车辆设置。

4）目标车的运动过程描述清晰，且实现的轨迹和速度曲线保持一定精度。

5）设备安装前，对试验车辆进行左前 45°和右后 45°两个角度拍照，对车辆的 VIN 码进行拍照。设备安装后，对车内外试验设备进行拍照。

6）在车辆内、外部放置视频记录设备，对整个试验过程进行录像。保证每次录像的清晰度，便于后期回放查看。

7）如果主车有多种驾驶模式，除特别说明，在整个试验过程中驾驶模式设置为标准模式。

3. 安全性原则

为保障场地测试的安全性，建议遵循下列安全性原则：

1）可使用具有相同反射特性的假车作为目标车。

2）实验员应在车外借用驾驶机器人对主车进行控制。

3）检查样车功能、按键和仪表显示方式是否正常。

4）为了避免碰撞实验员可采取人工制动。

5.3.3　公共道路测试

公共道路是不能够制造测试场景的。因此，本节综述了目前各国家及地区对开放道路试验的法规政策。

1. 自动驾驶公共道路测试现状

（1）美国

美国交通部在《自动驾驶汽车3.0》中指出，自动驾驶系统开发不是从公共道路测试开始的。在进行道路测试之前，可以通过对自动驾驶系统原型进行有意义的工程和安全分析，了解安全风险并实施缓解策略。此阶段的主要目的是进一步研发技术（软件和硬件）。一旦开发进展、性能参数和软件组件被验证为基本完成，非标称案例（non-nominal cases）的软件处理就被集成到自动驾驶系统中。这个测试阶段的主要目的是在预期的操作环境中建立成熟的软件和硬件的统计信息，并观察系统故障、安全驾驶人主观反馈，以及执行自动防故障装置／工作装置的行为。

州、地方和部落政府在道路交通方面的作用十分明确，即保证各自管辖区域内的道路使用者安全和出行自由。它们的职责包括为驾驶人颁发执照、进行机动车登记、颁布和执行交通法规、进行安全检查以及管理机动车保险和认定机动车事故责任。它们还担负规划、建设、管理、运营交通运输和道路基础设施的责任。其中大多数职责都不会随着自动驾驶汽车的出现而发生重大改变。

（2）德国

德国现有的机动车管理模式是遵循严格的强制认证制度，自动驾驶汽车管理模式则沿用现有的管理模式。

自动驾驶汽车在开展公共道路测试前，必须在汽车制造厂商自主检验的基础上由第三方技术机构对自动驾驶汽车开展检验认证，通过审查核发测试许可后，方可在指定的高速公路或城市道路上开展测试。其中，联邦政府负责高速公路测试审批，州政府负责该州的城市道路测试审批。

（3）英国

2015年7月，英国政府发布了《自动驾驶汽车发展道路：道路测试指南》，针对自动驾驶汽车开展测试时的驾驶人、助手、车辆等方面进行了规定。对于自动驾驶汽车，要求其必须符合英国现行道路交通法的相关规定；要求其必须能够对所有道路使用者（包括更易受伤害的道路使用者，例如残疾人、有视力或听力障碍的人、行人、骑自行车的人、骑摩托车的人、儿童和骑马者）做出合适响应；要求其必须配备数据记录装置，以至少10Hz的频率记录车辆传感器和控制系统的相关数据（包括当前自动驾驶模式、车速、转向、制动、车灯和指示器、声音报警、周边环境传感器、远程命令等），以备管理部门检查等。

为确保自动驾驶汽车在开展公共道路测试时不会带给其他道路使用者额外风险，汽车制造厂商必须确保其车辆已在封闭道路或测试场地上成功完成内部测试，并保存相关证据以供管理部门审计跟踪。

（4）瑞典

2017年5月，瑞典政府生效了一项关于自动驾驶汽车开展测试的法令。该法令规定汽车制造厂商开展自动驾驶汽车公共道路测试前必须拥有许可证，而瑞典运输机构负责审查并有条件地授予许可证。

汽车制造厂商在申请许可证时应明确说明在开展公共道路测试时将如何确保道路安全，包括在模拟器或封闭测试场地上开展测试的报告和结果；以及其他道路使用者的安全保障等。另外法令还要求测试车辆外部必须安装摄像机和麦克风，并对数据进行永久保存。

（5）日本

为鼓励和规范公共道路测试自动驾驶技术，日本内阁府宣布从2017年9月到2019年3月在国内部分高速公路、专用测试道路上进行自动驾驶汽车测试。日本警察厅作为《道路交通安全法》的执法主体单位，于2015年10月组织开展了自动驾驶技术相关政策课题的研究，于2016年5月发布了课题研究报告并颁布了《自动驾驶汽车道路测试指南》。2017年6月，日本警察厅发布了《远程自动驾驶系统道路测试许可处理基准》，允许汽车在驾驶位无人的状态下进行上路测试。

2016年5月，日本警察厅颁布了《自动驾驶汽车道路测试指南》，明确驾驶人应当坐在驾驶位上，测试车辆和驾驶人均应符合并遵守现行法律法规。

（6）中国

自2017年年底北京市率先发文宣布放开自动驾驶汽车路测，为相关企业在公共道路上开展自动驾驶测试，之后短短半年的时间里，上海、重庆、长沙、深圳、长春、平潭等多个城市也出台了相关政策，并发布了地方首批自动驾驶路测牌照，助力自动驾驶技术提速。不仅如此，2018年4月，国家相关部门还正式发布了首个国家级自动驾驶路测文件——《智能网联汽车道路测试管理规范（试行）》，从国家层面表现出对该项技术的高度重视及支持。

与地方路测政策相比，国家级文件主要用于宏观指导和统筹协调，从整体层面明确道路测试的管理要求和职责分工，规范和统一各地方基础性检测项目和测试规程。而地方则是依据该文件，同时结合当地实际情况制定实施细则，具体组织开展道路测试工作，包括地方测试路段选择、测试车辆审核、测试通知书和牌照发放、测试过程监管等，与国家相关主管部门有效配合，形成管理上的闭环，共同推动道路测试工作的开展。

2018年7月5日，北京市在顺义区、海淀区和大兴区确定了33条共计105km的首批开放测试道路，这些测试道路都选择在五环外，避开住宅区、办公区、医院、学校等人流量、车流量集中的区域，测试时段为白天，但避开早晚高峰时段。同时，北京市首个自动驾驶封闭测试场地——"国家智能汽车与智慧交通（京冀）示范区海淀基地"也已经落成，测试场占地超过 0.13km²（200 余亩）。该测试场地由北京智能车联产业创新中心携手海淀驾校共同打造，包括城市、乡村的多种道路类型，可构建上百种静态与动态的交通场景，并搭载了通信设备，支持车联网驾驶测试。此外，北京大兴区的经济技术开发区建设的占地 650 亩，涵盖高速公路、山路、乡村道路、城市复杂环路、铁路、隧道等多种交通场景的封闭试验场，于 2018 年年底竣工使用。

上海先后于 2018 年 3 月 1 日、9 月 18 日发布两批智能网联汽车开放测试道路，目前已累计开放测试道路 37.2km。其中嘉定区开放 11.1km，临港地区开放 26.1km，涵盖城市主干道、城市次干道、产业园区主干道等多种道路交通测试场景，形成了乘用车自动驾驶测试示范基地和商用车自动驾驶测试示范基地联动发展的格局。截至 2019 年 7 月 1 日，累积测试里程已超过 32000km，测试时长近 1700h。

长沙智能网联汽车道路区域分为两级：第一级测试区为湖南湘江新区智能系统测试区（含封闭式测试环境和半开放式测试环境），第二级测试区为开放式道路。其中湖南湘江新区智能系统测试区已于 2018 年 6 月 12 日正式对外开放，该项目用地面积 1232 亩，一期以智能系统全方位测试为主，总投资约 18.96 亿元，包括桐关桥路、玉学路、长潭西线东辅道、长潭西线西辅道等 8 条市政道路和一期场地工程，分为管理研发与调试区、越野测试区、高速公路测试区、乡村道路测试区、城市道路测试区 5 个主要功能分区。该测试区覆盖智能汽车的安全、效率、信息服务及新能源四大类型测试，建有 78 个常规性智能无人测试场景，为自动驾驶乘用车、商用车、无人机、智能机械、机器人网联通信供应商提供系统测试服务。

长春于 2018 年 7 月 2 日联合公告智能网联汽车道路测试路段，测试路段包括紫杉路、聚业大街、福祉道路等总长约 8km。此外由长春市政府选定的第三方机构启明信息技术股份有限公司——国家智能网联汽车应用（北方）示范区的承建单位，正在开展示范区二期建设，后期该示范区建成后将构建七方面能力：

1）联合一汽试验场地及东北地区现有资源，形成 1+4 完整场地条件（启明核心试验区 + 卡车试验区 + 高环等特殊场景试验区 + 海南热带试验区 + 东北冰雪寒带试验区）。

2）具备设施基本齐全的试验场景。

3）基于 5G 环境的能够满足智能网联汽车试验、检测的智慧交通设施。

4）封闭场地及开放道路的高精地图。

5）融合数据集成、试验和检测、评价评估、车辆管控、运营管理和对外宣传的信息化管理平台。

6）具有支撑试验和检测的标准体系。

7）具备完善的服务运营能力。

示范区整体规划分三年三步走，一期2017年初步具备场地、场景、设施、地图、样车，实现封闭场地智能网联车辆的演示；二期2018年完善封闭/半封闭场地，实现基本场景全覆盖，具备可运营的智能网联汽车试验、检测能力；三期2019年实现城市、乡村、高速开放道路的全覆盖。

国家智能交通综合测试基地位于无锡市滨湖区，2017年发布规划总面积为178亩，计划扩展至208亩，封闭测试道路总长3.53km，分为公路测试区、多功能测试区、城市街区、环道测试区和高速测试区等，包括不少于150个由多种类型道路、隔离设施、减速设施、车道线、临时障碍物、交通信号、交通标志等组成的实际道路测试案例。测试基地建成后将对功能符合性、性能可靠性和稳定性等关键性能进行测试评估，同时为自动驾驶技术提供第三方权威测试和认证。

测试基地将与无锡市政府合作打造"智能车特色小镇"，建设基于测试基地内封闭式和测试基地外半开放式实际公共道路测试环境，构建实际道路测试场景和管理平台，包括由多种类型道路、障碍物、交通信号、交通标志、特殊气象条件环境等构建形成的综合实际道路测试场景。

2. 公共道路测试要求

以《重庆市自动驾驶道路测试管理实施细则（试行）》为例，介绍公开道路测试场景中对于管理方、企业、测试车辆、驾驶人等的一系列要求，同时分析现阶段道路测试所包含的测试方法。

（1）管理方

应为政府交通安全相关单位，负责自动驾驶道路测试管理、开放测试道路认定和有关重大事项的协调解决，组织有关领域专家成立重庆市自动驾驶道路测试专家委员会，为开展自动驾驶道路测试工作提供咨询和指导服务。

（2）第三方

国家级汽车质量监督检验机构可作为第三方机构（以下简称"测试管理单位"）负责受理自动驾驶道路测试申请，出具专业评审意见，并负责相应自动驾驶道路测试的组织实施、过程监管及结果评估等工作。

（3）测试主体

包括具有自动驾驶技术及产品研发或生产能力的整车企业、改装车生产企业、零部件企业、电子信息企业、科研院所/高校、交通运输企业、其他科技型企业。应按评审要求提供申请材料，并对所提交材料的真实性、合法性负责。同时，相应测试车辆、测试驾驶人应达到测试基本要求。

（4）测试驾驶人

应熟练掌握道路交通安全法规、驾驶理论、交通安全心理学等安全驾驶知识，应严格履行安全法及实施条例所规定的驾驶人义务；测试驾驶人持有相应准驾车型的驾驶证，在 3 年内未发生负同等责任以上的伤人及以上事故记录，无酒驾、毒驾记录；测试驾驶人与测试主体之间须有明确的劳动合同关系；测试驾驶人须经过不低于一定时长的道路测试专业培训，包括危险场景下接管测试车辆控制的专业培训；测试驾驶人须充分了解自动测试车辆性能和测试驾驶要求。

（5）测试车辆

具备人工紧急制动功能，并支持"手动驾驶"和"自动驾驶"两种模式。两种模式之间的切换安全、快速、简单，可保证测试驾驶人随时接管车辆控制；测试车辆应符合 GB 7258—2017（《机动车运行安全技术条件》）的要求，其自动驾驶改装不得影响车辆安全性能；测试车辆的自动驾驶系统须具备系统提醒及安全警告功能；测试车辆须具有有关数据记录和存储功能，能自动记录和存储车辆事故或失效状况发生前至少 90s 的状态信息。

（6）测试管理

1）测试管理单位在测试主体正式提交申请材料后，应及时完成相应申请的评审，出具其是否符合自动驾驶道路测试要求的专业评审意见。

2）测试主体按照《机动车登记规定》的相应要求，向车辆管理所申领临时行驶车号牌。

3）测试主体应依据测试需求提出相应测试车辆的具体测试计划，并在上道路测试前向测试管理单位提交《测试计划申请表》，测试管理单位结合实际情况核发《测试实施方案》，明确对应的测试车辆、测试驾驶人、测试区域、测试时间、测试项目等。

4）测试过程中，测试车辆应严格按照《测试实施方案》开展测试，服从测试管理单位的调度和指挥，严格遵守有关法律法规及道路交通管理要求。

5）测试车辆须按规定和约定实时向管理平台上传相关数据。

6）测试主体应向测试管理单位提交上月《自动驾驶汽车脱离自动驾驶功能报告》。

7）测试车辆在测试过程中发生交通事故时，测试驾驶人应立即停止测试，保护好现场并及时通知或报告道路交通安全管理部门、保险公司、测试管理单位、测试主体。

8）测试车辆违反道路交通法规或发生责任交通事故，测试驾驶人、测试主体依据道路交通安全管理部门等法定部门的认定承担相应法律责任。

9）测试车辆违反交通法规或发生交通事故，测试主体应在收到道路交通安全管理部门出具的违反交通法规或交通事故责任认定后，向测试管理单位提交《自动驾驶测试交通事故分析报告》。

5.4 商用车园区驾驶验证场景

园区与公共道路特点类似，均为真实公开运行环境，不可以制造测试场景。本节主要介绍了自动驾驶在港口及矿区两种特定园区内应用的驾驶场景特点。由于其应用场景的特殊性，故需在场景采集、构建、仿真、实车测试等环节特殊关注。

5.4.1 港口园区自动驾驶场景应用

港口园区的场景相对可控，自动驾驶技术落地更快，且其他配套设施已具备，可批量运营，主要用于港口内堆场装卸区与岸桥装卸区间集装箱的转运作业，主要工作场景如图 5-35 所示。

图 5-35 港口作业场景

港口集运车的使用环境，针对道路条件、交通参与者、环境条件等对港口集运车使用场景进行系统的描述。

车速：港口集运车的车速主要集中在 5 ～ 30km/h 的低速区间。

路线：运输路线相对固定且可通过调度平台进行调度。

道路条件：路面信息多变，车道线信息多变，如图 5-36 所示。

图 5-36 黄色车道线白色车道线

交通参与者：包括静态障碍物、港口调度车、其他集运车，如图 5-37 所示。

图 5-37　其他交通参与者

环境条件：包括天气情况、光线情况，以及轮船、集装箱等遮挡卫星信号的设施，如图 5-38 所示。

图 5-38　环境条件

位置精确度：港口集运车需精确停车于堆场及岸桥装卸区内，停车定位精准度需求高，如图 5-39 所示。

图 5-39　自动驾驶集运载货车装载

5.4.2 矿区园区自动驾驶场景应用

矿区自卸车的工作循环由装载、回程、卸载、去程4个工作过程组成，在装载点和卸载点之间周而复始地进行这些过程。自卸车的工作循环及其特征如图5-40所示。

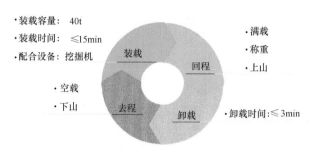

图 5-40　自卸车的工作循环

自卸车的使用环境，针对道路条件、驾驶行为、天气条件、其他条件对自卸车使用场景进行系统的描述，使用场景关系如图5-41所示。

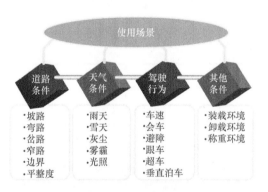

图 5-41　使用场景关系图

矿区道路为依山而建的土路，路面凸凹不平，多为双向单车道，少数道路较窄，最窄的地方只够一辆车通行。临近装/卸载点道路变宽，人员、车辆增多。道路上无车道线、交通标志、路灯等。定期有铲车进行道路维护。

矿区道路依山就势，除临近装/卸载点的道路，多为盘山路且坡度较大，经纬度相近的道路可能不在同一海拔。自卸车长期在坡路上行驶，去程和回程中都有上坡和下坡的交替道路，如图5-42和图5-43所示。

矿区道路多为盘山弯路，道路曲率半径较大。矿区有多处S形弯路，锐角V形弯、U形弯，见图5-44和表5-13。

图 5-42 盘山路

图 5-43 矿区坡路

图 5-44 矿区路型

表5-13　矿区内岔路形式

类型	Y 形	倒 Y 形	X 形	丁字型
图示				

矿区道路两侧多为悬崖或山坡，悬崖边都垒有高30～50cm的石堆，见表5-14。

表5-14　矿区内路边特征

分类	道路边界	两侧环境
两侧有典型边界特征	石堆＋山脚	悬崖＋山坡
	山脚＋山脚	山坡＋山坡
	石堆＋石堆	悬崖＋岔路
一侧有典型边界特征	石堆＋无典型边界	悬崖＋平地
无典型边界特征	无典型边界	建筑＋庄稼地/果林

受矿区道路条件影响，会车行为较为复杂，部分路段不可以会车，相向行驶的自卸车应按照一定规律依次通行，通行方式见表5-15。

表5-15　矿区通行方式

道路条件		通行方式（按优先等级排序）
窄路		• 上坡车辆先行，下坡车辆避让 • 满载车辆先行，空载车辆避让
岔路	Y 形	• 右转车辆先行，左转车辆避让 • 上坡车辆先行，下坡车辆避让 • 满载车辆先行，空载车辆避让
	倒 Y 形	
	X 形	
	丁字型	• 直行车辆先行，转弯车辆避让 • 右转车辆先行，左转车辆避让 • 满载车辆先行，空载车辆避让
弯路	S 形弯路	• 上坡车辆先行，下坡车辆避让 • 满载车辆先行，空载车辆避让
	锐角 V 形弯	
	U 形弯	

矿区车辆装载后，需行驶至称重仪进行称重。称重仪单侧或双侧有人工值守房，称重仪上单次仅限一辆自卸车通过，如图5-45所示。

图 5-45　矿区称重处

　　建立场景是为了进行仿真或实车测试，结合待测功能，在仿真与场地测试中正确合理地使用场景，充分发挥基于场景测试的特点是自动驾驶汽车提高测试效率、降低测试成本、提升安全性的关键。在产品开发体系中，建立基于场景的连续一致的工具链，实现自动化的仿真测试，通过仿真识别关键场景，减少实车测试工作量，提高针对性，是提升开发能力的关键之一。同时，实车测试是自动驾驶测试必不可少的环节，通过合理的场地测试建设原则、场景选取方式，可保证车辆关键性能和核心功能的测试一致性和合理性。港口及矿区为自动驾驶应用的特殊场景，本章节也基于其特殊性进行了深入分析。

本章参编人员

李康　郭立群　邓伟文　任秉韬　陈龙　李晓晖　李远仪　何博　朱冰
赵帅　张鲁　陈波　张新生　韩志华　马良　周亦威　李旭东　连晓威
来恩铭

参考文献

［1］　ISO 26262:2011，Road vehicles-Functional safety［S］．ISO，2011．

［2］　NiDHI K，SUSAN M P，Driving to Safety：how many miles of driving would it take to demonstrate autonomous vehicle reliability?［J］．［2019.6.2］．https://www.rand.org/pubs/research_reports/RR1478.html．

［3］　张大鹏．自动驾驶仿真测试 - 安全高效测试的必由之路［EB/OL］．（2018.06.19）［2019.6.2］．https://www.auto-testing.net/news/show-97509.html．

［4］　王石峰．自动驾驶汽车硬件系统概述［EB/OL］．（2018.9.27）［2019.6.2］．https://www.auto-testing.net/news/show-99015.html．

［5］ 张素民. ADAS 研发与测试的模拟仿真技术与平台［EB/OL］.（2015.11.10）.［2019.6.2］. https://wenku.baidu.com/view/29d7ab8c2af90242a995e57e.html.

［6］ Waymo. On the road to fully self-driving, Waymo Safety［EB/OL］.（2017.10.20）［2019.6.2］http://www.waymo.com/.

［7］ 刘清. 汽车模拟驾驶中道路场景的建模与管理［D］,华中科技大学,2012.

［8］ FESTA-CONSORTIUM. FESTA Handbook Version 2［EB/OL］.［2019.6.5］. http://dx.doi.org/.

［9］ Nat. Highway Traffic Safety Admin.（NHTSA）, Traffic Safety Facts 2013 Data［EB/OL］.［2019.6.5］. http://www.nhtsa.gov.

［10］ 梅诗冬. 中国重大道路交通事故文本数据分析应用［D］河南理工大学,2017.

［11］ AKAMATSU M, GREEN P, BENGLER K. Review article automotive technology and human factors research: past, present, and future［J］. International Journal of Vehicular Technology, 2013, 2013（3）1-27.

［12］ ZHAO D, LAM H, PENG H, et al. Accelerated evaluation of automated vehicles safety in lane-change scenarios based on importance sampling techniques.［J］. IEEE Trans Intell Transp Syst, 2016, 18（3）: 595-607.

［13］ YANG H H, PENG H. Development and evaluation of collision warning/collision avoidance algorithms using an errable driver model. Veh. Syst. Dyn., 525–535, Dec. 2010, 48（10）.

［14］ LEE K. Longitudinal driver model and collision warning and avoidance algorithms based on human driving databases［D］. Ann Arbor, MI, USA: Univ. Michigan, 2004.

［15］ WOODROOFFE J, et al.Performance characterization and safety effectiveness estimates of forward collision avoidance and mitigation systems for medium/heavy commercial vehicles. Univ. Michigan Transp. Res. Inst., Ann Arbor, MI, USA, UMTRI-2011-36, 2014.

［16］ XU Y, et al. " Accelerated Testing for Automated Vehicles Safety Evaluation in Cut-in Scenarios Based on Importance Sampling, Genetic Algorithm and Simulation Applications. " Journal of Intelligent and Connected Vehicles, 2018.

［17］ 张继国,辛格. 信息熵,理论与应用［M］. 北京:水利水电出版社,2012.

［18］ 李赞,潘新福,祝月艳. 国内外智能网联汽车测试示范区情况概述 // 新能源汽车蓝皮书［M］. 北京:社会科学文献出版社,2018.

［19］ 邓晓峰,王润民,徐志刚,等. 我国智能网联汽车测试及示范基地发展现状［J］. 汽车工业研究,2019,1: 6-13.

第6章 自动驾驶测试场景标准体系构建

本章节基于自动驾驶测试场景领域技术结构提出标准体系基本原则并基于该原则结合标准体系制定方法提出适于产业发展的自动驾驶测试场景标准体系，标准体系覆盖自动驾驶测试场景采集、存储和应用的全流程，全面指导未来产业发展，旨在提升测试场景应用范围，降低场景采集成本，推进自动驾驶技术快速发展。

6.1 标准制定的意义

标准是科学、技术和实践经验的总结。为在一定的范围内获得最佳秩序，对实际的或潜在的问题制定共同的和重复使用的规则的活动，即制定、发布及实施标准的过程，称为标准化。作为飞速发展的新兴技术，自动驾驶产业发展需要标准的支撑。而自动驾驶测试场景标准作为自动驾驶标准的重要组成部分，将为自动驾驶技术商业化应用提供支撑。

1. 开展自动驾驶测试场景标准化制定工作是智能网联汽车标准体系的重要组成部分

由工信部、国标委联合发布的《国家车联网产业标准体系建设指南（智能网联汽车)》提出将以自动驾驶测试场景为重点开展智能化、网联化测试应用工况标准的制定工作。

2. 自动驾驶测试场景标准体系建设是产业快速发展的迫切需求

自动驾驶测试场景是自动驾驶测试的重要组成部分，统一的概念、术语定义、技术范畴和核心要素将有助于产业技术交流和应用。自动驾驶测试场景标准体系将合理规划场景全流程的标准项目制定方案，满足产业快速发展的需求。

3. 兼容、共享、高效是自动驾驶测试场景标准化的重要特点

自动驾驶测试场景的收集需要大量的资金投入，各国相继启动研究项目提升测试场景的范围，标准化工作通过对不同技术方案之间共性要素的统一，打通不同方案之间的壁垒，实现平台互融互通与数据合理共享，可有效降低海量数据采集所带来的巨额成本，提高数据利用率和单位价值，从而有效地促进产业的科学发展。

4. 测试场景标准的制定将推进我国深入参与国际标准法规制定工作

制定科学合理并应用于产业实践的相关标准将有助于我国汽车行业在联合国UN/WP.29 及 ISO/TC22 标准化活动中占据先发优势，通过相关成熟提案的提出为国际标准法规的制定贡献更多中国智慧，从而进一步提升我国汽车产品的国际影响力和地位。

6.2　标准体系构建基本原则

1. 目标明确

标准体系应服务于产业和技术发展需求，构建标准体系应首先明确标准化目标。本标准体系服务于自动驾驶测试，最终落脚点为测试场景。

2. 系统全面

本标准体系应围绕自动驾驶测试场景从采集到应用全流程展开，体系规划应保证完整性，包含体系及各级子体系以及标准明细表所列标准的全面完整性。自动驾驶测试场景标准体系应从总体到局部，全面覆盖从定义、分类、分级等方法论到场景采集、场景库建立、场景复现和应用等具体内容。

3. 层次合理

标准体系应有恰当的层次：

1）标准应与标准体系框架图相对应。

2）明确共性标准和细分标准之间的关系，相互呼应并避免重复矛盾。

3）为便于理解、减少复杂性，标准体系的层级不宜过多。

4）同一标准不应同时列入两个或两个以上的标准层级。

4. 边界分明

标准体系的层级或子体系的范围和边界应清晰明确，应以行业、专业或门类

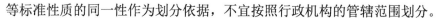

等标准性质的同一性作为划分依据，不宜按照行政机构的管辖范围划分。

5. 立足国情

为发挥政府主管部门在顶层设计、组织协调和政策制定等方面的主导作用，应结合我国自动驾驶测试技术以及相关产业的发展现状及特点，制定政府引导和市场驱动相结合的标准体系建设方案，建设有利于产业发展的自动驾驶测试场景标准体系。

6. 重点先行

科学确定自动驾驶测试场景标准体系建设的重点领域，加快推动基础、共性以及关键技术标准的研究制定工作；同时考虑行业发展现状及未来应用需求，合理安排技术标准的制定及工作进度，加快推进重点标准项目的研究制定。

6.3　标准体系构建的方法

6.3.1　标准体系构建逻辑

针对自动驾驶测试场景标准体系的特点，建立标准体系构建逻辑。自动驾驶测试场景标准体系的构建逻辑主要包含目标需求分析、技术逻辑结构、体系框架结构和标准体系内容 4 个部分，如图 6-1 所示。

图 6-1　标准体系构建逻辑

1. 目标需求分析

自动驾驶测试场景标准体系的建设需要进行目标需求分析。建立标准化、统一化的自动驾驶测试场景，不仅能够为企业进行自动驾驶研发测试工作提供相关规范指导，加快技术研发迭代，而且有助于国家政府监管部门对自动驾驶汽车研发测试进行有效的监督和管理。因此，建立标准化、统一化的自动驾驶测试场景，对于促进我国自动驾驶汽车安全、健康、快速发展具有重要意义。

2. 技术逻辑结构

需要建立相对清晰的自动驾驶测试场景的技术逻辑结构，清晰的自动驾驶测试场景技术逻辑结构对于标准体系建设具有重要的指导作用。自动驾驶测试场景技术逻辑主要分为 3 条主线：场景数据采集、场景数据解析和测试场景生成。三条主线为前后承接关系，进行场景数据采集后通过对采集数据进行解析，最后生成相应的测试场景，用于自动驾驶测试验证。

3. 体系框架结构

依据自动驾驶测试场景技术逻辑结构，结合目标需求分析，形成自动驾驶测试场景的标准体系框架结构。标准体系的框架结构应具有综合性和全面性，确保标准体系框架的完善性。自动驾驶测试场景的标准体系框架应该包含基础、通用、数据和应用四个部分。

4. 标准体系内容

根据自动驾驶测试场景标准体系框架结构，对基础、通用、数据和应用 4 个部分的内容分别进行展开，并最终形成相应的标准体系内容，由于自动驾驶技术尚处于起步阶段，本章节介绍的标准体系内容也需根据技术发展状态进行动态更新。

6.3.2 标准体系技术结构

自动驾驶测试场景作为标准体系建设的目标对象，其技术逻辑结构对于标准体系的建设具有重要指导作用。自动驾驶测试场景技术逻辑主要有三条主线：场景数据采集、场景数据解析和测试场景生成，如图 6-2 所示。自动驾驶测试场景的发展核心在于通过标准化的场景数据采集、场景数据解析和测试场景生成来实现测试场景通用性，使测试场景具有广泛的典型性和代表性，促使自动驾驶汽车行业对相应产品进行快速有效的测试验证，进而促进自动驾驶汽车技术高速发展。

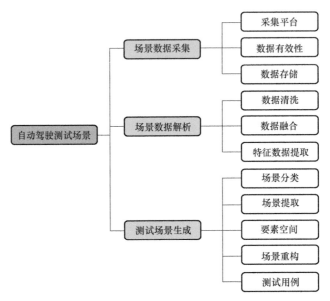

图 6-2　自动驾驶测试场景技术逻辑结构图

场景数据采集主要包括采集平台、数据有效性和数据存储三个方面。采集平台是场景数据采集的基础，采集平台的配置对于场景数据采集的典型性和精度具有重要影响；数据有效性是场景数据采集的基本要求，只有保证采集数据的有效性，才能为后续场景数据解析和测试场景生成提供必要的保障，进而有效支撑自动驾驶测试验证；数据存储是场景数据采集的基本保障，数据存储不仅要求存储容量大，而且还需要数据存储的格式标准化，以便数据的调取及后续处理。

场景数据解析主要包括数据清洗、数据融合和特征数据提取三个方面。数据清洗是指对采集的场景数据进行审查和校验，处理其中的无效值和缺失值等数据，保证场景数据的可靠性；数据融合是组合处理采集场景数据中不同类型的传感器信息，保证得到有价值、可应用的场景数据；特征数据提取是根据测试场景的应用需求，在数据融合后的场景数据中选取相应的场景特征值，从而提取期望的场景。

测试场景生成主要包括场景分类、场景提取、要素空间、场景重构和测试用例五个方面。场景分类是测试场景生成的基础，场景分类方法将决定具体的场景特征提取方法；场景提取是指根据特定的场景分类方法，在采集的场景数据中提取用于测试验证等的数据组合；要素空间是指测试场景所包含的基本元素的组合；场景重构是指对采集和处理得到的基础场景进行进一步的组合，构建出更为复杂典型的场景，为自动驾驶测试验证提供服务；测试用例是将采集和重构后的场景用于实际测试验证的案例，包括仿真测试用例、车辆在环测试用例和实际道路测试用例。

6.4 标准体系框架及其内容

标准体系框架主要反应标准体系的总体组成类别和层次结构关系，是对标准体系的总体概括，也是未来标准制定规划的基础。因此，结合自动驾驶测试场景技术结构编制具有科学性、全面性和系统性的自动驾驶测试场景标准体系框架对于自动驾驶测试场景标准体系的建设具有重要意义。

6.4.1 标准体系框架

根据对自动驾驶测试场景标准体系的目标需求分析，结合自动驾驶测试场景技术逻辑结构，综合自动驾驶测试场景的不同功能要求和技术需求，将自动驾驶测试场景标准体系框架定义为基础类、通用类、数据类和应用类。同时根据各具体标准在内容范围、技术等级上的共性和区别，对这四项内容做进一步细化，形成内容完整、结构合理、界限清晰的八个子类，如图 6-3 所示。

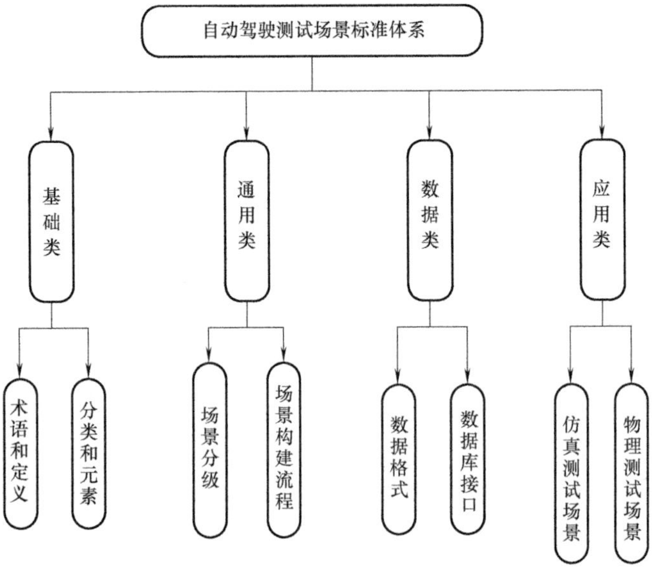

图 6-3　自动驾驶测试场景标准体系框架图

6.4.2　标准体系内容

根据自动驾驶测试场景标准体系框架，标准体系内容主要有基础类、通用类
数据类、应用类 4 项内容。

1. 基础类

场景基础类标准主要包括自动驾驶测试场景术语和定义、要素和分类两个
子类。该类标准是自动驾驶测试场景的基础标准，对应技术结构的基础和共性
内容。

自动驾驶场景的定义是当今自动驾驶领域探讨的重点话题，在术语和定义类
标准中，将明确自动驾驶场景及相关基本概念的定义，为自动驾驶相关行业对场
景的协调兼容奠定基础，同时为其他部分标准的制定工作提供支撑，建议制定标
准《自动驾驶测试场景术语和定义》。

分类和元素子类标准用于统一自动驾驶测试场景的基本类型，提高测试场景
识别和应用的清晰度；同时明确场景所包含的元素类型，服务于场景的数据解析
和场景生成，可制定指导场景元素分解和场景分类的方法论标准。

2. 通用类

场景通用类标准主要包括场景分级和场景构建流程两个子类，是测试场景从采集到应用全流程的通用技术规范和指南。如果满足通用类标准的要求，即说明测试场景整体质量满足自动驾驶测试需求。

自动驾驶测试场景的应用依据不同的使用范围和自动化程度而有所不同，上述不同会体现在测试场景的全流程。场景分级子类标准针对各类自动驾驶车辆所能应对的场景进行分级，并明确分级方式，旨在服务于后续自动驾驶车辆商业化的测试工作。建议制定标准《自动驾驶测试场景分级》，为场景与自动驾驶功能应用建立明确的关系。

场景构建流程类标准将明确自动驾驶测试场景从采集、处理、存储、数据库构建、场景重构、应用全流程的共性技术和流程管理，该类标准类似于 ISO 26262 的模式，建议制定标准《自动驾驶测试场景构建指南》，以指导产业技术发展，推进场景应用，提升场景质量。

3. 数据类

测试场景涉及数量巨大且无法穷举，标准化的数据格式、数据库接口可以有效提升场景的利用率并降低场景库运营成本。场景数据类标准主要包括数据格式、数据库接口两个子类标准，标准将扩展场景采集数据的应用，提高场景覆盖率。

数据格式描述的是数据保存在文件或记录中的规则，自动驾驶测试场景数据格式标准旨在明确测试场景在数据采集、数据存储和数据传输过程中内容保存和记录的基本规则的要求，数据格式的标准化有助于提高测试场景有关数据的可读性和共享性。建议制定标准《自动驾驶测试场景数据格式规范》。

数据库接口是指场景数据和数据库建立连接的方法和技术。场景采集的目的是形成一个各种不同类型应用场景集合的测试场景库。通过对场景数据库接口技术进行统一规范，有助于用户快速地从场景数据库调取相关的需求信息，加强自动驾驶行业内场景数据的交流共享，促进行业快速发展。建议制定规范《自动驾驶测试场景数据接口规范》。

4. 应用类

测试场景服务于自动驾驶测试，自动驾驶测试场景的应用将是整个技术流程的关键，场景的应用主要包含采用软件在环、硬件在环等方式的仿真测试和采用场地测试和实际道路测试等方式的物理测试两大领域，此类标准也将重点关注上述两个子类的标准内容。标准应明确不同应用领域的场景的基本要求规范。

仿真测试场景是测试场景所需道路、交通状况、天气和交通设施等基本要素的虚拟化，自动驾驶仿真测试场景的标准化旨在确定自动驾驶软件在环、硬件在环和车辆在环等虚拟测试过程中仿真测试场景相应的测试方法和要求，以优化仿真测试模型，提升仿真测试的有效性和可信度。建议制定《自动驾驶仿真测试场景应用指南》及针对自动驾驶不同测试方法细化的自动驾驶仿真测试场景要求。

物理测试是传统车辆测试的主要方法，在自动驾驶汽车测试过程中也将发挥关键作用，物理场景标准是对在实际道路和封闭测试场地、测试示范园区等专门建设或实际存在的用于自动驾驶实车测试的场景提出相应要求，对场景的选取方式、还原程度、测试过程提出要求和评判方法，提升物理测试场景的一致性和有效性。建议制定基于物理场景测试的《自动驾驶功能要求及试验方法》。

6.4.3 标准体系框架和技术结构的关系

综合上述对自动驾驶测试场景标准体系构建方法和标准体系框架及其内容的分析和阐述，可以归纳总结出自动驾驶测试场景标准体系框架和技术逻辑结构的关系，如图 6-4 所示。自动驾驶测试场景技术逻辑结构对标准体系框架具有体系支撑的作用。只有建立起清晰准确的技术逻辑结构，才能有效支撑标准体系框架的搭建。自动驾驶测试场景标准体系框架能够为技术逻辑结构提供方向引导，标准体系框架的搭建过程能够对技术逻辑结构进行进一步反馈引导，从而实现技术逻辑结构的不断优化。因此，自动驾驶测试场景标准体系框架和技术逻辑结构相辅相成，相互依赖。

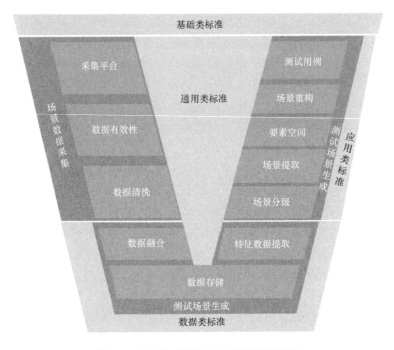

图 6-4 标准体系框架和技术结构关系图

6.5 标准制定规划建议

6.5.1 基础通用先行

应优先制定通用类标准作为测试场景标准体系的基础，为后续技术类标准确定方向，明确标准间相互关系，避免后续标准中因定义不清导致矛盾，同时通过通用技术要求提升自动驾驶测试场景全产业链的发展质量。根据产业发展状态和智能网联汽车标准体系规划，建议尽快启动测试场景基础类和通用类的标准，优先启动《自动驾驶测试场景　术语和定义》标准并根据产业发展状态于 2021 年前启动其他基础通用类标准的制定工作。

6.5.2 参考技术应用

自动驾驶技术已进入快速发展阶段，对于测试场景的需求也不断地发生变化，标准制定过程中应考虑技术应用情况和发展趋势，优先开展已应用且对后续其他技术发展会产生影响的标准，保障各标准涉及内容的协调性。根据现阶段技术发展需求，可优先启动《自动驾驶测试场景数据格式规范》和《自动驾驶测试场景数据接口规范》标准的研究和制定工作。

6.5.3 与国际标准法规同步制定

正如前文所述，中国将全面参与国际标准化组织和联合国自动驾驶标准和法规的研究和制定工作，ISO 自动驾驶测试场景工作组已启动通用信息类、场景构建工程流程与框架类和数据格式与接口类标准的研究工作，建议参考国际标准法规的制定进度，启动相应国家标准的研究制定或转化，通过标准缩小与世界先进汽车的技术差距，实现产业快速发展。

在自动驾驶技术日新月异的今日，标准的作用日渐凸显，通过合理的标准体系构建可有效推进技术的互认互通和产业的健康发展。本章节首先明确测试场景标准制定的意义和基本原则，并从技术的角度入手对测试场景从采集、数据解析和场景生成三个角度进行拆解细化，并根据技术结构梳理场景的标准体系作为未来标准制定的基础，最后根据产业现状和国际标准化环境对标准制定提出相应建议，最终实现标准引领产业发展的目的。

本章参编人员

解瀚光　孙航　郭润清　樊晓旭　周亦威　邓湘鸿　文谢　陈振宇

参考文献

中华人民共和国工业和信息化部. 国家车联网产业标准体系建设指南（智能网联汽车）[A].（2017-12-29）.

 # 自动驾驶测试场景数据库产业模式探索

建设场景库是实现场景数据应用于开发、管理和应用的必要手段。目前国内外已开展多个项目，对场景库的架构体系、理论规范、数据采集和应用等方面进行研究。场景库的建设涉及多学科，已成为一门新兴的产业，随着自动驾驶测试技术的不断发展，场景库产业也面临着由此带来的机遇和挑战。本章将探讨场景库产业的发展环境、行业生态和市场需求，并讨论几种产业模式的可行性。

7.1 测试场景数据与场景数据库

场景数据需要应用于自动驾驶技术发展的各个方面，让使用者方便快捷地将场景数据应用于工程实践当中。这就要求数据既要能够被使用者方便快捷地获取，又要保证数据的准确、无损，还要实时更新，保证数据的时效性。具体说来，这就对场景数据提出了以下需求：

1）场景数据来源不同，数据量较大，数据处理过程中，如筛选和标注等环节，需要借助自动化或半自动化工具来减轻工作量。

2）场景数据体量巨大，且数据还在不断地维护更新，需要在数据的存储、

维护和检索等各方面进行管理。

3）由于当前市场上存在着多种仿真平台软件，这就要求数据格式能够在各软件平台上通用，要有格式转化的方法。

4）数据安全性要求。场景数据作为行业重要资源，其在使用和分享过程中，必须有安全保障。

测试场景数据需要建立专用数据库以实现上述需求。一方面可对其进行统一的存储、管理和分配；另一方面，可对场景数据的通用性和安全性进行专项研究，以保证场景数据能够对自动驾驶技术的推进提供支撑。目前国内外已建立数个用于自动驾驶的测试场景库，测试场景库正在成为自动驾驶行业的新兴产业。

7.2　场景库行业发展环境

7.2.1　我国政策环境分析

智能网联汽车发展已经提升为国家战略：在 2015 年发布的《中国制造 2025》中，国务院对于智能网联汽车的发展路径就有了明确的规划。

2017 年年底，工业和信息化部发布了《国家车联网产业标准体系建设指南（智能网联汽车）》，确立了我国发展智能网联汽车将"以汽车为重点和以智能化为主、兼顾网联化"的总体思路，建立智能网联汽车标准体系，并逐步形成统一协调的体系架构。

2018 年年底工信部发布的《车联网（智能网联汽车）产业发展行动计划》中，更是明确提出，推动建设中国道路交通场景库，为产品开发测试、安全性评估与功能评价提供基础支撑。

国家法规政策是智能网联汽车发展的重要保障，我国已经开始构建智能网联汽车产业发展的政策法规体系。在国家政策层面，支持鼓励智能网联汽车、自动驾驶技术的发展，规划行业发展的路线；同时很多地方都在规划或筹建智能网联汽车示范区或测试场区，并且推出扶持、促进发展的相关政策，为行业发展创造了有利的环境。

同时，我们也应该看到，智能网联汽车在我国还面临着一些法律法规问题，存在着诸多限制（安全管理、审核准入、责任划分、车辆保险等），既有研发和推广自动驾驶存在的共性问题，也有因行业管理制度不同而产生的特殊问题。在智能网联汽车技术标准层面，尤其是自动驾驶行业的技术标准还存在很多空白。自动驾驶行业涉及的信息技术、网络技术、大数据、云计算等一系列新技术融合，场景数据库等新兴交叉学科的技术标准目前还需不断健全。随着我国标准化改革的深入，行业团体标准的地位已确立，相关的团体标准也正在逐步完善。

具体到功能落地方面，面对高级别的自动驾驶功能，厂商需解决自动驾驶的功能安全问题，监管部门需履行相应责任对其进行监督、核查资质，由此可见，距离高级别自动驾驶的量产应用还存在一定距离。

7.2.2 我国行业环境分析

相较于世界自动驾驶技术深厚的技术积累，我国在该领域从数据、算法、人才等方面并不占优势，但伴随相关政策支持，中国汽车企业和零部件供应商均加大投入力度，自动驾驶发展进入快车道。

从行业建设角度来看，中国拥有自动驾驶从原始物料到一级供应商、二级供应商，再到主机厂，最后到出行服务商的全产业链。上汽、长安、一汽等车企，以及百度、华为等企业，都在开展自动驾驶技术相关的研究。

与自动驾驶测试场景库有关的行业，形成了如图7-1所示的分布：

如上图所示，建设自动驾驶测试场景数据库，需要数据采集设备、数据存储平台、数据处理工具和仿真软件平台予以支撑，了解上述行业，可以更好地理解场景库产业；场景库的数据和服务主要为了满足主机厂、供应商、研究机构和高校的需求，了解客户需求，可以明确场景库产业的发展方向。下文将重点从这两个方向展开论述。

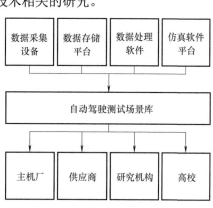

图 7-1 自动驾驶测试场景库的产业生态系统

7.3 行业生态分析

7.3.1 数据采集设备行业

1. 数据采集系统

数据采集系统的硬件形式为数据采集板卡或工控机，预留多种物理接口，运行数据采集软件，接收外接设备、传感器和车辆网络的数据信息，并进行数据分析处理和存储。

一般来说，数据采集系统应具备以下功能：

1）多类型数据输入、数据记录；数据后分析和管理。

2）数采设备可以和 CAN、LIN、以太网或其他总线通信对接。

3）可接入 GPS、惯导信号；可接入地图信息。

4）数据同步功能，包括总线数据和多媒体数据同步、传感器数据同步、地图数据同步。

5）数据分析及后处理功能。

数据采集系统有 Dspace、Vector、ViCANdo 等。

2. 环境感知类传感器行业

环境感知类传感器行业发展水平直接影响着自动驾驶技术的发展，而采用何种传感器来采集场景数据，直接决定了场景库的数据质量、数据类型和用户群体。在探索场景库产业之前，必须对传感器行业有充分的了解。

自动驾驶常用传感器以及每种类型传感器的特点和代表企业见表 7-1。

表 7-1　传感器信息列表

传感器种类	特点	代表企业
单目摄像头	基于特征库进行目标识别	Mobileye
双目摄像头	利用视差原理检测测试场内的目标物	大陆
毫米波雷达	检测目标距离、方位和速度	博世，德尔福
激光雷达	准确检测目标距离和方位	Velodyne，法雷奥

本节将对上述几种传感器的功能、特点、用途和主要厂家进行简单的介绍。

（1）摄像头传感器

目前常见的摄像头传感器按照模组数量可分为单目摄像头和双目摄像头。

单目摄像头传感器可检测车道线、典型障碍物、交通标志牌和地面标志、可通行空间、交通信号灯等众多视觉信息。单目摄像头除了用于前向预警之外，也用于环视系统和驾驶人疲劳监测。

相比单目摄像头，双目摄像头的功能更加丰富。双目摄像头传感器可开发单目摄像头的功能；在检测障碍物和通行空间方面，双目摄像头不依赖特征库，对可行驶区域的检测更全面。

摄像头传感器技术成熟，成本低廉，是当前自动驾驶技术最重要的传感器。与之相应的视觉信息分析技术和目标提取算法，也是当前技术开发的重点。但是摄像头传感器提供的视觉信息受光线条件的限制，全天候能力较差，在一些能见度不足或光线直射工况下难以发挥作用。摄像头传感器作为最接近人类视觉的传感器，在今后的自动驾驶技术中必然还会起到重要作用。

（2）毫米波雷达传感器

毫米波雷达是当前智能驾驶方案的主要环境感知传感器。近程雷达主要用于角向和侧向目标物的探测；中远程雷达主要用于探测前向障碍物。近程雷达拥有更大的探测角度，中远程雷达具备较大的探测距离。

毫米波雷达传感器作为成熟产品，成本低廉，远距离探测精度高，全天候工作的能力较强。但是毫米波雷达的横向分辨率较低，尤其是对近距离目标的定位容易出现误差。毫米波雷达作为摄像头传感器的重要补充，二者搭配使用，可实现大部分 L2 级别的自动驾驶功能。

（3）激光雷达传感器

激光雷达通过发射和接收激光信号，确定空间中每个像素到发射器间的距离和方向，创造出完整的模型。激光雷达按有无机械旋转部件分类，可分为机械激光雷达、固态激光雷达和混合态激光雷达。

与摄像头相比，激光雷达的探测结果更加直接可靠，且不易受环境的干扰；与毫米波雷达相比，它的数据密度和探测能力更为出色。激光雷达最大的问题是成本过高，且很少有车规级的产品。一台 64 线激光雷达的价格大约在 8 万美元，即便是成本最低的单线激光雷达，售价也在万元人民币左右。目前大量资本正在注入激光雷达行业，力求尽快开发出性能更强、价格更低廉的激光雷达产品。

（4）定位传感器

常用的车载定位设备主要是 GPS 和 IMU 惯性测量单元。

GPS 设备可以提供采集车辆的经纬度和标准时间；在有较多遮挡的地方可能会失效。

IMU 惯性测量单元内置陀螺仪、加速度计等设备，可提供偏航角、俯仰角、横滚角、绝对航向角和车辆加速度等数据。这些数据一方面用于记录车辆行驶状态，另一方面可以作为惯性导航的数据基础。

GPS 和 IMU 设备产业非常成熟，产品的定位精度和测量精度都可以做到厘米级，只是精度越高成本越高。场景采集时，可根据需求选择合适的设备。

7.3.2 数据存储行业

构成场景库的海量场景数据的类型复杂多样，结构化、非结构化和半结构化的数据共存，传统块存储和文件存储难以满足需求；数据应用时，对存储效率也有要求；而且由于场景库数据阶段性存储的需求差异较大，所以对数据存储方面的要求较高。要解决这个问题有两个方案，一是租用已有的云存储空间；二是自建数据库。

对外开放的云计算平台管理数据中心存储资源，可以满足越来越复杂的存储要求。例如华为的 FusionStorage 云存储服务，是一款可大规模横向扩展的全分布式存储产品。它通过存储系统软件将通用硬件的本地存储资源组织起来，构建全分布式存储池，实现向上层应用提供块、对象、文件3种存储服务，可以实现数据灵活、可靠的存储需求。同时，该平台提供基于标准接口协议的开放API，支持融入OpenStack云基础架构及Hadoop大数据生态。它具有大容量、高性能和易扩展的优势，适用于金融、政府、运营商或大企业等领域数据中心的存储场景。

如果选择自建存储中心，应该选用对象存储的方式。对象存储同时兼具SAN高速直接访问磁盘特点及NAS的分布式共享特点。核心是将数据通路（数据读或写）和控制通路（元数据）分离，并且基于对象存储设备（Object-based Storage Device，OSD）构建存储系统，每个对象存储设备具有一定的智能，能够自动管理其上的数据分布。典型设备是内置大容量硬盘的分布式服务器。

7.3.3 数据处理行业

1. 数据处理工具概述

得到原始数据之后，需要按照场景数据要求，进行筛选、切片和评价指标设定等处理，经过处理后的数据才能入库。首先，数据处理涉及对各场景中典型工况进行提取。对于典型场景数据采用自动化提取工具，对于非典型场景采用半自动化提取方法。之后，要基于各个场景提取的大规模案例数据，对案例数据特征参数进行聚类分析。从场景数据典型性聚类分析和特殊场景聚类研究角度出发，建立具有代表性的典型场景，研究各类场景参数的分布特性和概率边界条件，奠定场景复现和重构基础。由于场景数据的特殊性，场景数据处理涉及一系列的软件工具链，见表7-2。

表7-2 场景数据入库处理软件工具列表

软件工具名称	工具用途
数据清洗平台	用于对大规模数据进行清洗和筛选
多元化场景元素分类降维集成化平台	用于多场景特征数据的显著性分析，参数降维和场景快速分类
场景数据提取平台	用于自动化场景数据快速提取及其数据校验
场景聚类平台	用于自动化场景中典型场景和特殊场景快速聚类开发
数据分发平台	用于对完整的场景数据进行外部分发和提供相关数据服务

2. 数据标注工具概述

建立自动驾驶场景库离不开对数据的标注。标注是一项非常烦琐的工作，因此，运用一款简单易用、效率高的工具是十分必要的。当前常见的标注工具见表7-3。

表7-3 标注工具类型

	工具名称	简介
手动标注工具	LabelMe	对图像进行点、线、矩形及多边形注释
	LabelImag	对图像进行矩形注释
	GroundTruthLabler	对图像进行点、线、矩形及场景注释
半自动标注工具	Anno-Mage	基于 RetinaNet 物体检测模型生成预选框，然后进行人工修正
	Microsoft VoTT	基于 CNTK 训练的 faster-rcnn 模型自动标注，然后进行人工矫正

针对数据标注，标注工具多种多样，而目前常用的手动标注工具有两种：LabelMe 和 LabelImag。这两种工具都是跨平台的标注工具，在 Windows 和 Ubuntu 都可以使用。此外，有一些开源的半自动标注工具，如 Anno-Mage、Microsoft VoTT 等，依赖图像检测算法先生成预选框自动标注，然后通过人工修正，保证标注的准确度。

标注场景库的海量数据，需要一种高度自动化的标注工具。当前可用的标注工具都不是十分适用。所以，建设场景库产业，有必要基于已有的工具，开发一种更加高效的标注软件，并将此作为产业的 一个研究项目。

7.3.4 仿真软件行业

仿真软件平台是构建场景库必不可少的支撑要素。无论是建立仿真场景，还是基于场景的在环测试，都必须建立在仿真软件的平台之上。当前市场上有多种仿真软件，功能比较强大的有如下几种。

1. PreScan

PreScan 是一个基于物理的仿真平台，用于汽车行业开发基于雷达、摄像头和 GPS 等传感器技术的先进驾驶辅助系统（ADAS）。PreScan 还可用于设计和评估 V2V 和 V2I 的通信应用以及自动驾驶应用。PreScan 可以从基于模型的控制器设计（MIL）用于软件在环（SIL）和硬件在环（HIL）系统的实时测试。

2. PanoSim

PanoSim 是一款集复杂车辆动力学模型、汽车三维行驶环境模型、汽车行驶交通模型、车载环境传感模型、无线通信模型、GPS 和数字地图模型、Matlab/Simulink 仿真环境自动生成、图形与动画后处理工具等于一体的大型模拟仿真软件平台。它可以进行汽车电子控制系统、智能辅助驾驶与主动安全系统、环境传感与感知、自动驾驶等技术和产品的研发、测试和验证。

3. IPG

有 CarMaker 和 TruckMaker 两个分支，专门针对不同车型，可以进行车辆模

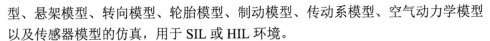

型、悬架模型、转向模型、轮胎模型、制动模型、传动系模型、空气动力学模型以及传感器模型的仿真，用于 SIL 或 HIL 环境。

4. VIRES Virtual Test Drive（VTD）

VTD 可实现复杂道路建模、场景编辑、交通流仿真、声音模拟、仿真控制和图像生成等功能，且生成的文件格式符合相应的标准。VTD 为第三方组件提供了开放性接口，同时支持 API 将第三方模块作为 VTD 的插件。

以上仿真软件均可用于建立车辆模型和虚拟的仿真场景。企业从自身开发的侧重角度考虑选择不同的软件。但是场景库作为行业的基础共性技术，在客户应用时，要具备统一的接口和通用的数据形式。这方面也是场景库产业需要研究的关键技术之一。

7.4 产业市场需求分析

7.4.1 潜在客户需求分析

通过前文对自动驾驶行业面临环境的分析，结合相关行业对于自动驾驶技术发展的影响，总结出当前行业内潜在客户对于测试场景数据库的需求如下。

1. 企业客户（主机厂和系统级供应商）

国内自动驾驶领域的企业主要是整车厂商和自动驾驶系统供应商。两者对自动驾驶技术量产落地的需求是一致的，对于自动驾驶功能的开发意愿也最为强烈。企业作为行业的最主要构成部分，是推动场景库产业建设的中坚力量。

但是，自动驾驶行业不同于其他 IT 技术，受严苛的安全底线和成本要求限制，自动驾驶技术必须选择最保守的升级模式。这就对开发者从产品定义到量产验证的各个环节都提出了很高的要求。因此，企业迫切希望通过场景库的搭建解决企业关心的问题，推进技术路线的演进。例如，通过对国内典型驾驶场景、典型驾驶行为的数据采集和概率统计，可以确定自动驾驶技术应该优先实现的功能；通过对极限场景的研究，可以确定功能实现的限制条件和边界条件，从而提高方案的性价比。

2. 研究机构和高校

自动驾驶领域需要大量的基础性和通用性的研究，作为自动驾驶技术研究的重要参与者，研究机构和高校拥有大量的业内资深专家和学者，以我国自动驾驶技术发展的带头人身份全程参与产业技术发展。业务领域主要以前沿科技研发和前瞻性技术研究为主，例如对我国交通情况和道路建设的研究；对于环境感知类传感器的开发和改进；对于自动驾驶技术涉及的算法开发、工具软件以及车辆相关的研究等。上述研究内容均需要大量的场景作为支撑。

综上，总结场景库的需求如下：

（1）测试验证需求

受测试思路和实现手段的限制，传统的测试方式无法全面、准确地评价现在的自动驾驶功能。自动驾驶功能的测试和验证方法必然会以测试场景数据为核心来开展，测试场景需要场景库的有效支撑。

（2）技术开发需求

在产品算法开发等方面，需要细化的场景分类和概率统计做参考，这些结论要对海量自然驾驶场景或事故场景数据进行分析后得出。此外，对于封闭道路及示范区的建设，场景库也可以通过数据分析和统计为其提供支持。

（3）专项需求

包括企业开发某个产品或某项功能（如环境感知传感器或 AI 开发和测试）所需的特殊场景，以及为制定规范或者标准所需的专项场景需求，可以通过场景库快速获取。

7.4.2　场景数据需求分析

自动驾驶行业逐渐认识到场景数据在产品开发、测试验证、评价认证等各方面的巨大作用，一旦有行业内认可的测试场景库发布，必将逐渐改变目前传统的产品定义方式、开发测试习惯，也必然会随之建立相应的评价方法和认证方案。

1. 数据来源需求

根据需求所述，场景库的数据需要应用于概率统计、算法训练、测试验证、评价认证等各个方面。这就对数据的内容提出了具体的要求。概括来说，数据内容可分为以下几类，每个种类都有其各自的来源，见表 7-4

表 7-4　数据内容种类和来源

序号	数据种类	描述	数据来源
1	视觉信息	交通参与者、交通标志、路面标识、驾驶人状态等需要识别的视觉要素	摄像头、激光雷达
2	相对位置信息	目标物的相对位置和速度信息	毫米波雷达、超声探头、激光雷达
3	本车定位信息	自车（采集车辆）的绝对位置信息	GPS 或北斗定位系统
4	本车状态信息	自车的车辆状态信息和姿态	自车状态传感器和 IMU 系统
5	时间信息	信息采集发生的精准时间	GPS 系统对时

场景库的场景数据应同时具备以上信息，才能真实准确全面地反映客观场景，对于仿真场景的构建更有参考价值。

2. 数据分享需求

测试场景数据库建立之后，使用者要方便快捷地将场景库的产品和服务应用于工程实践当中。这就要求：

1）数据能够被使用者方便快捷地获得。

2）分享后的数据的分类、标注等要精确，数据内容无损。

3）数据能够更新，保证数据的时效性。

7.5 产业模式探索

7.5.1 已有的场景库产业模式

目前国内外开展了有关自动驾驶、测试场景研究和建设测试场景库的项目，根据已经公布的资料，本文总结了这些项目中的测试场景数据库产业模式，作为建设大型测试场景库的参考。

1. InteractIVe 项目

InteractIVe 项目于 2010 年 1 月 1 日开始，2013 年 12 月 31 日结束，耗时 4 年，项目总经费 28 414 646 欧元，其中欧盟资助 16 970 000 欧元。项目由 InteractIVe 联盟发起和完成，联盟包括 29 个成员，主要是 OEM 厂商、供应商、高校、研究机构以及 SEM 厂商。

InteractIVe 项目目标主要集中在集成先进驾驶辅助系统（ADAS）应用程序的设计、开发和评估。该项目分为 7 个子项目，SP4 和 SP6 的项目成果在成员单位中共享，其他项目成果由全行业共享。

2. AdaptIVe 项目

AdaptIVe 项目由来自 8 个欧洲国家的 28 个成员组成的 AdaptIVe 联盟于 2014 年 1 月 1 日发起，2017 年 6 月 30 日结束，耗时 42 个月。项目总成本 24 189 413 欧元，其中欧盟资助 14 300 000 欧元。该项目测试和开发了适用于高速公路、城市环境和近距离机动等典型交通场景，涵盖了所有级别的交通复杂性。此外，该项目还探讨了可能影响自动驾驶车辆进入市场的法律问题。

AdaptIVe 项目成果少部分未公开，大部分已发布给行业共享。

3. PEGASUS 项目

PEGASUS（project for the establishment of generally accepted quality criteria, tools and methods as well as scenarios and situations for the release of highly automated driving functions）项目是一个由德国联邦经济事务部和能源部发起的合作项目，主要针对自动驾驶等级为 L3 及以上的自动驾驶车辆。项目从 2016 年 1

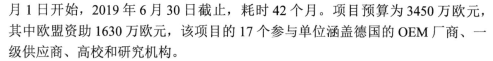

月 1 日开始，2019 年 6 月 30 日截止，耗时 42 个月。项目预算为 3450 万欧元，其中欧盟资助 1630 万欧元，该项目的 17 个参与单位涵盖德国的 OEM 厂商、一级供应商、高校和研究机构。

4. BDD100K 测试场景库

加州大学伯克利分校筹建了大型的自动驾驶测试场景数据库 BDD100K，这是目前世界上最大规模的场景数据库。BDD100K 共包含了 10 万个视频，每个视频时长约为 40s，显示格式采用 720P，每秒 30 帧，还附有手机记录的 GPS/IMU 信息，以显示大概的驾驶轨迹。

这个开源数据库由伯克利 DeepDrive 财团（Berkeley DeepDrive Industry Consortium）赞助，该财团专注于计算机视觉和机器学习方面的尖端科技。目前该场景库已向全行业开放。

除了上述项目之外，还有一些由企业或研究机构发起筹建的测试场景数据库。

受成本因素或组织模式的限制，现有的场景库普遍存在以下问题：

（1）地域问题

往往只能收集一定地域或某　方面的场景，场景库应该覆盖到各种地形条件、各种气候光照条件以及更广泛的地域。

（2）标准问题

各单位建设各自场景库，标准不一，未来企业应用将产生无法对接、转换成本高等一系列问题。

（3）组织模式

单一单位建设场景库，在行业内难以形成共识和合力。

（4）商业模式

已有的场景库或以营利为目的，或因无法承担高额的建库成本而导致样本数量有限。

（5）信息安全

道路场景信息是我国道路交通资源的一部分，国家有相应的法律法规予以保护，场景信息的采集和发布都应具备相应的许可。

7.5.2　组织模式探索

测试场景数据是为自动驾驶功能测试提供服务的，所以，建设测试场景数据库，就需要对自动驾驶行业有极其深入的理解和研究基础；如果要得到场景数据，就需要组建采集车队和数据存储中心；需要具备众多信息采集、标注、大数据处理等核心技术。具体来说，建设测试场景数据库的关键技术有：

1）海量数据的存储、传输和共享技术。

2）数据自动化或半自动化精细处理（如筛选、标注等）技术。

3）场景描述、场景分类和数据通用格式转化。

4）仿真场景数据的生成、解析、重构等技术。

5）数据库的管理和维护。

6）场景数据的应用方法。

因此，测试场景库的建设必须在国家层面的引导下，行业内形成合力，充分发挥各自所长，采用众筹的模式，共同参与、共同建设。这样可以有效避免重复投入浪费，提高场景库的建设水平，又可在法律允许的框架内保障国家信息地理安全。

场景库产业有多种组织方式，在此列举两种有代表性的众筹采集的模式：

1. 零工模式

1）组织自动驾驶方面和场景数据研究方面经验丰富的相关单位，共同进行场景数据库架构理论体系的研究工作，包括场景定义、数据采集、数据处理、场景重构、数据存储和分享等各个方面。

2）完成理论研究之后，提出采集设备、数据格式、处理流程等多方面的具体操作规范，规范要精确到可执行层面，并获得参与单位的一致认可。

3）各参与单位按照规范配置采集车辆，设备的关键参数（如传感器安装角度、数据刷新频率、数据存储格式等）采用统一的标准，之后按照采集行为规范开展采集工作。

4）按照统一的标准开展数据处理，进行数据提取、标注等操作，得到规范的场景数据文件后，将其上传至公共服务平台。

5）公共服务平台接收各参与方上传的场景数据，按照质量控制要求进行检验，筛选后放入公共库。

2. 中心模式

1）组织自动驾驶方面和场景数据研究方面经验丰富的相关单位，成立专题项目组，共同进行场景数据库架构理论体系的研究工作。

2）项目组启动小规模的数据试采集，进行数据处理，发布样品场景数据，提供给相关企业试用，收集行业反馈意见，完善建设方案。

3）明确参与单位和分工，以及制订可行的行动计划。

4）按照分工，分别进行原始数据采集、数据处理工具开发、数据处理和标注、仿真场景构建、数据中心建设等工作，并召开数据分析会总结发布该阶段的成果。

5）按照行动计划，组织行业内的人力物力，循环开展"场景数据采集——数据处理——数据入库分享"的工作，不断发布阶段性成果。

上述两种模式，都需要建立起有效的反馈机制。每次发布成果之后，收集客户反馈意见，实现"边采集、边发布、边完善"的良性循环，而且都要提供一个基础共性平台。由此带来的好处也是显而易见的：协同合作，最大化挖掘数据的价值；众筹采集易于统一标准，协调行业制定统一采集存储标准，便于实现良好的数据一致性；集中式采集存储降低了成本，通过规模化集中式的采集与存储，大幅降低采集、存储设备的单位成本；使现有企业能够在此基础上发挥特长，通力合作，共同推动自动驾驶场景库的建设。

最终，建立测试场景数据库的最终成果为：

1）测试场景数据库理论体系架构报告。

2）包含不同种类的测试场景数据集和数据共享平台。

3）场景数据处理的软件工具链和场景描述方法。

4）测试场景应用方法和测试评价体系。

7.5.3　盈利模式探索

参考现有的场景库模式，根据现在自动驾驶技术和场景库相关技术发展的现状，目前可以实现的场景数据库产业的收入来源主要有以下5项：

（1）财政补贴

财政补贴包括国家或地方政府对场景库产业的支持经费。

（2）国家和各地方省市的科技计划资金

场景库可申报国家相关的科技专项或省市级科技专项等项目，围绕智能网联汽车测试、测试场景数据应用、跨学科技术研究等前瞻性、基础性技术领域开展布局，申请相应项目经费支持。

（3）横向委托开发费

该费用是为满足企业或机构的专项场景需求，提供技术服务或专项测试场景（私有场景库）的专项经费，具体围绕咨询服务、传感器或系统级产品开发、自动驾驶样车开发、V2X系统开发、测试服务等领域开展技术服务，获取相应收益。

（4）专利授权费

场景库的相关知识产权成果授权、买断等形成的技术转让收益。

（5）公共数据授权使用

对于没有参与建设的企业或机构，或者想获得更多使用权的参与方，可以采用支付一定费用的方式，获得更多数据和使用权。这部分数据仅限于各参与方同意公开的数据集。

可以预见，自动驾驶测试场景数据可作为智能网联汽车测试和评价的基础，建立客观、公正、科学的评价体系，为后续车辆分级评价体系提供有力支撑，并且可以协助推出相关的行业标准、法律法规。自动驾驶测试场景数据作为自动驾驶技术开发测试评价的基础，其重要性毋庸置疑。自动驾驶测试场景数据库作为融合了多个学科技术的新兴产业，是关系行业未来健康快速发展的重要资源。但是其建设难度大，成本高，需要国家层面的规划和引领，以及全行业的共同努力和参与。

本章参编人员

徐月云　王瑶　朱向雷　任泽凯　陈龙　文谢　黄武陵　李霖

参考文献

黛安娜·马尔卡希. 零工经济 [M]. 陈桂芳，译. 北京：中信出版社，2017.

第8章 自动驾驶测试场景未来发展趋势

自动驾驶是未来汽车发展的重要方向，而自动驾驶的量产和应用需要测试的支持，测试场景是测试的重要环节，具有广阔的应用场景。本章节首先分析场景技术现阶段存在的问题，提出技术发展路线图和发展路径与模型，并对场景技术标准进行展望。

8.1　自动驾驶测试场景技术未来发展趋势

8.1.1　现有自动驾驶测试及测试场景技术存在的问题

在自动驾驶车辆进入验证环节前，需要大量的测试来证明其各项应用功能和性能的稳定性、鲁棒性和可靠性等。自动驾驶汽车的测试评价对象变为人—车—环境—任务强耦合系统，导致其测试和验证极具挑战。现有基于场景的测试方法、基于里程的测试方法和仿真模拟测试等测试手段还无法满足对自动驾驶汽车的全面测试与验证需求。

1. 现有的测试场景采集方法费用高、效率低

现有的自动驾驶测试场景结构可分为场景层、数据层、测试执行层。现有的测试场景采集方法，包括现有场景构建流程中的场景数据采集、场景分析挖掘、场景测试验证等步骤，费用较高且效率较低。

场景构建的第一步通常是场景数据采集，主要采集场景所需要的数据，例如车辆状态位置信息、障碍物信息、地理信息等。现有的场景数据采集方法，主要通过配置采集传感器的车辆进行场景数据实车采集、事故场景的数据采集、仿真场景采集等方法，步骤相对烦琐。场景构建的第二步是场景分析挖掘。上一步中采集的数据需要经过场景理解、特征提取、数据挖掘等处理，统一格式之后导入到场景库中。场景构建的第三步是测试验证，所有场景通过关联数据、打标签之后，应用于测试层。

从上述现有的场景构建流程可以看出，后续还需要一套快速和自动采集、编辑和生成的场景构建方法。

2. 现有的测试场景库规模还不够大，多样性和覆盖性不强

现有的测试场景中，无论是 PEGASUS 测试场景库项目，还是美国 SAE 测试场景库项目，还是 KITTI、Cityscapes、ApolloScape 等测试数据集，场景库数据规模还有所欠缺，不足以覆盖常见的交通场景。除了多样性，测试场景还要求覆盖性，如何通过投入有限的资源构建有限的测试场景，从而能有效表征真实世界的多样性场景，充分支撑测试评价工作开展，这对于未来的测试场景库构建技术提出极大的挑战。此外，测试场景还需要具有可扩展性，随着自动驾驶技术的持续演进和能力边界扩展，可以支撑不断发展的新技术测试需求。

总的来说，自然环境下的自动驾驶测试场景无法穷举，需要方法和理论上的创新，采取诸如关键值抽样（Extreme Value Testing）、形式验证（Formal Verification）等方法，这些方法和技术是未来测试场景应用的关键探索。

3. 现有测试场景的有效性有待提高

自动驾驶环境的复杂程度高。测试场景包含人、车、路、行驶环境等动态和静态构成要素。通过多种场景要素的组合，生成丰富、复杂的测试场景。由于被测车辆的位置变化调整，交通场景下其他参与者的拓扑结构也随之快速变化。同时，行驶环境的气候和天气变化也将对场景产生诸多影响。总之，上述因素形成了时空变化的测试场景。

现有采集的方式是按现场实时数据采集，无法满足自动驾驶场景动态变化的要求，特别是解决动态变化的不确定性和测试过程可重复性矛盾的问题，例如，被测车辆改变行为和轨迹，周边交通将随之改变。这类动态变化的场景测试对于自动驾驶功能测试十分重要，现有的测试场景技术需要解决场景中各要素变与不变的关系问题。

4.现有的测试场景数据的采集格式和存储问题

为保障数据的通用性，自动驾驶测试场景数据采集过程中需要对数据库的基本要求、系统架构、数据格式、数据文件接口、数据管理等方面进行统一，其中包括场景库接口定义、所用路网格式和接口定义、场景数据库优化和更新管理等。

现有的测试场景采集，基于不同的车辆和不同传感器配置，并基于高精度地图来构建场景，不同车辆、不同传感器配置无法实现采集数据适用于各类车型及技术路线的研发和测试，而高精地图的格式问题也是行业现阶段讨论的重点内容。上述这些影响因素均需得到规范，以促进整个产业的快速发展。

5.测试场景中的测试真值以及评估体系

自动驾驶测试场景的数据采集关键技术，包括道路交通场景数据的采集要求、采集方法、数据预处理技术及数据传输存储方法等方面。场景数据采集的完整性包括采集范围与场景数据描述的完整性。

测试场景的数据采集需要考虑数据采集数量的要求，考虑数据精度要求，考虑不同来源数据的时间同步性要求。其中，建立测试场景的测试真值、建立评估体系是最重要的组成部分。

在动态场景中对无人驾驶车辆的驾驶行为进行测试和评估，需要研究如何获取真值。需要配合不同的场景，提出测评指标体系，最终能对自动驾驶及各功能模块进行测评。

8.1.2　测试场景技术发展路线图

根据驾驶测试场景技术的发展趋势，结合自动驾驶实际的发展状况，建议通过以下三个阶段逐步发展测试场景技术：

第一阶段：集成现有技术，推进国际及行业标准体系建设阶段（2019—2020年）：

1）合理集成使用现有场景测试技术。

2）积极开展场景测试项目并抽象其共性技术。

3）讨论并提出可扩展的测试场景相关标准体系建议。

第二阶段：重点突破关键技术阶段（2021—2022年）：

1）突破场景测试关键技术。

2）输出场景测试项目的落地应用。

3）制定和完善测试场景相关标准。

第三阶段：广泛应用阶段（2022～2025年）：

1）形成成熟的场景测试技术体系。

2）促进自动驾驶场景测试技术广泛认可与应用。

目前，自动驾驶测试场景技术的发展正处于第一阶段向第二阶段过渡时期。由初步探索的场景技术到场景测试技术关键技术突破，众多汽车和人工智能企业加入测试场景的研究工作中，逐渐加速测试场景技术的研发进展。本书的撰写与发布将促进凝练共识，推动测试场景技术发展。

8.1.3　测试场景技术发展路径与模型

1. 测试场景技术发展驱动

（1）自动驾驶主流技术演进，推动相应测试场景的演进

伴随逐渐成熟的人工智能技术大规模应用于自动驾驶，自动驾驶汽车的功能发展速度不断加快，对应的测试技术也需快速演进。测试场景作为测试技术的核心内容，从测试场景的形式到内容均需伴随技术的发展进行有针对性的不断更新。

（2）不同的产业化落地演进，提出对应的测试场景需求

测试技术服务于产品落地需求。不同的自动驾驶产品，面向不同的应用场景，也对测试技术和测试场景构建提出了不同的需求，需要划定不同类型应用的测试场景的边界。例如，针对限定约束性环境的特定应用，其测试场景的采集和构建成本相对较低，可考虑优先应用，促进技术快速落地使用。依托技术发展规律，有针对性地采集较易实现落地的自动驾驶测试场景，从而推进自动驾驶技术发展。

（3）测试场景技术的自身发展演进

自动驾驶测试场景需要研究一套自动采集、模拟、验证和迭代的流程和技术方法，通过其自身发展推进自动驾驶技术变革。例如，针对真实环境的快速 3D 建模、场景的快速重建、虚拟仿真场景与 AR 测试场景生成等技术研究高自动化、集成化的流程和方法。

2. 测试场景技术发展路径模型

根据自动驾驶测试场景的发展状况，结合前几章对测试场景的特性分析及技术分析等，总结自动驾驶测试场景发展的三维模型内容如下：

（1）梳理测试场景技术，推动场景技术标准化

重点攻关核心技术，遵循开源开放原则，建设开源开放场景技术社区和平台。加强场景技术的科学性研究，促进测试场景标准的制定和完善。

（2）收集自动驾驶测试场景应用需求，构建测试场景应用生态

通过交流、收集意见等方式，获得各个代表性应用的典型需求，提高业界对测试场景的认识，明晰测试场景发展方向。研究测试场景应用形态，界定场景库

等知识产权保护，对测试场景许可协议进行研究，在促进场景应用生态健康发展的同时，能够保护各单位的核心利益。

（3）提升测试场景价值，推动行业应用

构建开放协同的测试场景技术创新体系，推动测试场景技术在自动驾驶各领域的广泛应用。从技术协同、数据共享、知识融合、智能创新 4 个层次逐层递进，促进测试场景在应用中不断发展。协同各类技术，形成技术方向和技术能力的融合，构建测试场景数据共享平台，打破"数据孤岛"局面，支持场景数据的共享与交易，促进自动驾驶行业的相关资源整合；构建测试场景领域的知识融合，实现行业中各企业互联互通与技术重构和分工；将场景技术创新与自动驾驶关键技术突破深度融合，打造新模式，解决新问题，全面推进自动驾驶的广泛应用。

8.1.4　拓展测试场景技术发展思路

测试场景库建设要求较多的人力物力投入，在发展过程中需要通过标准化、公开共享、积极贡献和有偿使用等措施来避免资源的重复投入。

可以借鉴和采用数据平台、差异化和标准化结合、大数据融合、社会化众包等思路，实现测试场景技术发展目标。通过第三方构建平台，构建基础设施，借鉴众包的思路，解决数据采集的成本问题，解决如何实现数据共享，推动用户获得数据的同时愿意共享数据，从而做到将测试场景技术和场景数据变为基础设施和支撑技术，将用户由竞争关系转变为合作关系。

1. 构建数据平台

自动驾驶测试场景库是一个集中大量信息、数据和资源的高投入平台，资源共享是快速推进场景库建设的解决方案。通过云平台服务，减少各家单位的重复投入，实现数据的共融和共享。秉承数据平台构建思维，邀请各相关方参与测试场景的采集、构建、完善和管理，打造多主体共赢互利的生态圈。各参与单位可以从中获得所需数据和技术支撑，例如，科研院可以获得数据，汽车厂商可以获得技术与合作，运营方可以获得相应利润。

2. 大数据融合

通过大数据统筹评估测试场景运行状态，分析场景要素，丰富信息数据的广度和深度，从而促进测试场景的构建水平。例如，由于测试场景的地理位置固定、测试条件有限，不能涵盖所有路况信息和天气、气候条件。未来测试场景可以充分利用产业合作机制，将采集范围扩大至全国甚至全世界，为自动驾驶模拟仿真测试提供更多虚拟场景。通过更多的在线采集实际行车的路况和数据并汇入场景数据库，实现场景数据多源的融合，保证数据的丰富性和完整性。

3. 社会化众包

通过标准化的形式提出测试场景的采集设备要求，例如要求数据格式、采集信息、存储格式。场景库可通过平台化运营，标准接口接入和下载，提升场景的利用效率。伴随车辆网联化功能的发展，以及 5G 网络的应用和超级终端的逐渐应用，可根据"谁使用、谁贡献"的方式，在使用场景库的同时，通过接入机制保证同时获得该用户提供自身所采集的数据，实现测试场景数据的上行和下行。鼓励网络化形式的众包采集用户接入，有效利用网络化用户群体，将测试场景的完备性和多样性提升到一个更高水平。同时，社会化众包的用户对于场景数据、信息也提出了多样化的要求和使用反馈，使场景在保证差异性的同时实现多样性，确立场景技术的迭代方向。

4. 差异化和标准化

测试场景的差异化是其重要特征，如何针对不同的自动驾驶业务需求，构建满足多样化和差异化的测试场景，是其中最大的挑战。此外，测试场景还有标准化需求，以实现数据共享、接口通用，这样才能使测试场景技术和数据得到更大范围的应用。

8.2 对测试场景技术标准的展望

首先，测试场景需要满足验证性需求，能够用来验证自动驾驶功能，场景应覆盖来自于正常行驶的典型通用性场景及来自于事故的危险极端场景。现阶段场景多来源于标准、法规、测试规程等文件中对于特定功能的特定要求，该类场景组成了验证性需求场景的基础，但还需根据自动驾驶功能进行补充和完善。

其次，测试场景需满足多样性和覆盖性要求，应具备验证自动驾驶处理随机场景和极端场景的能力，此类场景需要通过特定方法和工具来加以构建和重现。由于测试场景具有数量多、复杂性强的特点，通过对静态要素、动态要素以及驾驶人行为要素之间不同排列组合及遍历取值，可以扩展虚拟场景的边界，从而实现上述场景的构建任务。通过自动化测试寻找边缘场景可以实现针对危险场景的重组，并通过计算边缘场景的参数权重，扩大权重高的危险因子参数范围，可实现更多危险仿真测试场景的自动化生成。

最后，测试场景还需要满足拟人交通的特征。在后续一段时间内，自动驾驶如何与人工驾驶进行交互，还需要进一步探索，测试场景中也需要覆盖此类要素。

目前急需开展自动驾驶测评及标准认证等工作，通过组织相应的研究，从各类应用研发需求倒推场景库建设的需求也是测试场景研究的内容。

除了解决前述的现有测试场景技术问题，还需要进一步研究测试场景趋势。

1. 技术平台开源化和共享化

开源的学习框架在人工智能领域的研发成绩斐然，在利用开源结果的同时，要求公开所做的改进工作。如果采用开源的测试场景框架，可以使开发者直接使用已经研发成功的场景测试工具，减少二次开发，提高效率，促进业界紧密合作和交流。通过测试技术平台的开源化，可以扩大技术规模，整合技术和应用。建立共享化测试场景平台，有利于推动国内外自动驾驶测试和开发水平的提升。

2. 专用测试场景向通用测试场景发展

目前的测试场景发展主要集中在针对单一车型或单一功能的专用测试场景方面，主要用于完成具体任务，覆盖范围有限，智能化程度有待提高，具有领域局限性。随着科技的发展，各功能模块之间相互融合、相互影响，需要一种范围广、集成度高、适应能力强的通用测试场景。

随着自动驾驶技术发展以及产品步入量产化阶段，测试场景逐渐复杂化，不仅要提高测试自动驾驶应对复杂场景、处理复杂问题的能力，还要提高自动驾驶测试的效率和质量。通用测试场景技术可以将各类自动驾驶应用通过人工智能技术自动实现抽取特征并构建测试场景，从而丰富场景库，应对更为丰富的测试需求。

3. 仿真测试场景大规模重建与重现

通过并行运行这些"仿真测试"的多个实例，仿真系统还应具备加速开发的作用。推动云端仿真系统的应用，通过内置高精地图、海量场景、云端计算能力以及专业度量体系，有效提升自动驾驶测试的效率。

4. 测试场景从静态向准动态及动态提升

测试场景库涵盖自然驾驶场景数据、危险工况场景数据、事故场景数据、仿真场景数据以及重构场景数据。

现阶段测试场景应从静态向准动态及动态提升，场景内容应包括静态的道路、准静态的道路附属设施、准动态的道路临时变更、动态对象以及环境信息、动态交通参与者等几个层次。

通过真实环境的 AR 仿真，能提供虚拟交通流结合实景渲染的全栈式闭环仿真解决方案，也是未来测试场景的应用方案。

5. 提升测试场景的科学性和有效性

考虑到目前世界各国关于测试场景技术管理的规定尚不统一，相关标准也处于制定过程中，同一场景测试技术的参与者可能来自不同国家，交通场景具备多样化特点，因此应首先研究其中通用的方法，科学地形成测试场景，有效验证自动驾驶中的问题。

根据驾驶测试场景技术的发展趋势，结合我国的实际状况，建议通过三个阶段逐步发展我国自主场景测试技术。可以借鉴和采用数据平台、差异化和标准化结合、大数据融合、社会化众包等互联网思维，实现推动测试场景技术发展目标。通过自动驾驶测试场景标准化工作，满足测试场景验证性需求，用以验证确定性的自动驾驶功能。要求满足多样性和覆盖性需求，应具备验证随机性和极端性的场景，满足拟人交通等特征。通过自动驾驶测试场景和测试技术的研究，推动自动驾驶技术的成熟。

本章参编人员

黄武陵　解瀚光　杨柳　王瑶

参考文献

［1］ ULBRICH S，MENZEL T，RESCHKA A，et al. Defining and substantiating the terms scene，situation，and scenario for automated driving ［J］. International Conference on Intelligent Transportation Systems. Las Palmas：IEEE，2015:982-988.

［2］ BMWi. 04Scenario-Description ［EB/OL］. ［2019.6.30］https://www.pegasusprojekt. de/de/. Germany.

［3］ HUANG W L，WANG K F，LV Y S，et al. Autonomous vehicles testing methods review ［C/oL］. ［2019.6.5］. https://www.researchgate.net/publication/311919670_ Autonomous_vehicles_testing_methods_review.

［4］ BAGSCHIK G，MENZEL T，MAURER M. Ontology based Scene Creation for the Development of Automated Vehicles ［J］. 2018 IEEE Intelligent Vehicles Symposium （Ⅳ）. IEEE 2017.

［5］ LIU L ZHU X，CHEN M，et al. A systematic scenario typology for automated vehicles based on China-FOT［C］, SAE Technical Paper Series，2018-01-0039.